遇见海洋

绝美
海边小镇

武鹏程　编著

海洋出版社

北京·2025

图书在版编目（CIP）数据

遇见海洋 . 绝美海边小镇 / 武鹏程编著 . -- 北京 ： 海洋
出版社，2023.9
　ISBN 978-7-5210-1196-8

　Ⅰ . ①遇… Ⅱ . ①武… Ⅲ . ①海洋－普及读物 ②城镇－
世界－普及读物 Ⅳ . ① P7-49 ② K915-49

中国版本图书馆 CIP 数据核字（2023）第 224087 号

遇 见 海 洋

绝美
海边小镇 ⬗⬗⬗
JUEMEI
HAIBIAN XIAOZHEN

总 策 划:刘　斌	发 行 部:(010) 62100090
责任编辑:刘　斌	总 编 室:(010) 62100034
责任印制:安　淼	网　　址:www.oceanpress.com.cn
排　　版:海洋计算机图书输出中心 晓阳	承　　印:侨友印刷（河北）有限公司
出版发行:海洋出版社	版　　次:2023 年 9 月第 1 版
地　　址:北京市海淀区大慧寺路 8 号	2025 年 1 月第 2 次印刷
100081	开　　本:787mm×1092mm 1/16
经　　销:新华书店	印　　张:8
技术支持:(010) 62100055	字　　数:150 千字
	定　　价:48.00 元

本书如有印、装质量问题可与发行部调换

前 言

　　每一个海边小镇都是一本色彩绚丽的书，它充满了历史的韵味，既有海洋的粗犷，也有人间的细腻；每一个海边小镇都是一个故事、一个美丽传说、一段流金岁月，它让人们沉迷、赞叹，忍不住去探寻它的前世今生，欣赏它动人心魄的美。

　　让我们择一海边小镇，在蓝天碧海、春暖花开时漫步其中，感受那里的山、水、沙、岩，让美景荡涤我们的心灵，在轻拂的海风中与它融为一体。

　　喜欢浓烈色彩的，可以去如同油画般、房屋错落有致的意大利的五渔村和阿马尔菲海岸线上的小镇，在碧海蓝天间，体验欧洲古老海边小镇的生活。

　　喜欢海洋生物的，可以去"欧洲观鲸之都"胡萨维克、可以与海豚一起游玩的塔马兰，在与鲸的嬉戏中感受生命的律动。

　　喜欢探寻历史遗迹的，可以去夏威夷的拉海纳和意大利的波西塔诺等，感受这些古老小镇所拥有的独特文化气质，在世界闻名的艺术画廊中感受艺术的熏陶。

　　除此之外，还有"巴厘岛最艺术的文化小镇"乌布镇、"天堂之路"哈纳和"斐济的天堂"楠迪等，它们或妖娆，或沉静，或热烈奔放，无不有着令人惊艳的美景，吸引人们前去欣赏、驻足，继而沉醉其中，流连忘返。

目 录 ▮

美洲篇

非洲篇

大洋洲篇

铜陵镇

一山、一城、一石、一庙

铜陵镇除了拥有厚重的历史和人文景观之外，还有清澈的海水、蔚蓝的天空、绵软的细沙，海天一色的美景吸引了众多影视剧组，如《左耳》《八仙过海》《西游记》《我是谁的宝贝》等都曾在此拍摄。

铜陵镇古名东山，三面濒海，位于福建省漳州市东山岛（福建省第二大岛）的东北端，介于厦门市和汕头市之间，距漳州市区 158 千米。

铜陵镇是东山岛人口最多的两个镇之一，是一座具有 600 多年历史的文化古城，文物古迹众多，素有"海滨邹鲁"之称。在古时候，铜陵镇曾是东山岛的中心。铜陵镇最值得推介的景点是一山、一城、一石、一庙。

苏峰山

苏峰山雅称"苏柱擎天"，海拔 274.3 米，方圆十余千米，距铜陵镇不远，是东山岛的主峰。其踞海雄峙于东山岛东部，如一柱擎天，有 99 峰、18 胜景，是铜陵镇的标志性景点。沿着苏峰

苏峰山为东山岛外八景之一，《读史方舆纪要》载："苏峰山亦名东山。"东山岛即以此山而得名。因苏峰山别称川陵山，故东山岛亦称陵岛。

《东山县志》载："昔江夏侯以此山不减西蜀峨眉山，故名苏峰山。"蔡潮于明嘉靖五年（1526 年）到东山，《铜山志》载："巡海道蔡潮称此山为漳郡第一文峰。"

❖ 电影《左耳》拍摄点指示牌
《左耳》改编自饶雪漫的同名小说，讲述了一群拥有不同性格的人的青春故事。

❖ 苏峰山环海（岛）公路
苏峰山环海（岛）公路旁建有多处停车观景点，可以一览众海湾美景，有些地方还有上、下山的栈道或小径。

❖ 铜山古城墙

山有一条环海（岛）公路，沿途除了有奇峰异洞之外，还有众多海滩、海湾，让人有"乱花渐欲迷人眼"的感觉，是一条可以一边骑行、一边欣赏海岛美景的路线。

铜山古城

铜山古城是铜陵镇最著名的地方，距苏峰山不远，古城东、南、北三面临海。明洪武二十年（1387），为抵御海贼袭扰，朱元璋派江夏侯周德兴巡视东南沿海，筑城建寨。周德兴来到东山岛后，在铜山沿海建成一座城池，其长 1903 米，城墙高 7 米，东、西、南、北各有城门，西南处建有城楼。以依傍的"铜钵""东山"两个村名中各取一字，合为"铜山"城。铜山城建成后便成为当地抵御外敌的堡垒。铜山古城是东山岛最知名的景点之一，以丰富的历史底蕴和谜一样的故事令人神往。

铜陵镇的南溟书院（文公祠）不仅是宋代理学宗师朱熹的讲学处，还是明代学者黄道周和清末书画家马兆麟的故里。"东山歌册"被列为国家第一批非物质文化遗产。

明嘉靖二十二年（1543），戚继光在铜山古城全歼倭寇；崇祯六年（1633），巡按路振飞大帅徐一鸣曾在铜山海面两次击败荷兰东印度舰队；隆武二年（1646），郑成功以铜山为抗清根据地之一。清康熙二十二年（1683），福建水师提督施琅从铜山港和宫前港起航东征。

铜山古城东门外的海滨有天然石洞，传有虎踞，故号"虎崆"。洞长 15 米，宽约 5 米，有清泉甘美，大旱不干，壁上镌"灵液"石匾，称"虎崆滴玉"。城最高处九仙顶有"人世仙境""海天一色""宦海恩波""三岛春秋"等摩崖题刻。一块刻有"瑶台仙峤"的巨石是当年戚继光和郑成功的水操台。

风动石

沿着铜山古城东门海岸边的木栈道前行，在海滨石崖上有一个东山岛人们最引以为荣、视如珍宝的自然奇观，也是游客最喜爱的美景之一——东山风动石。

东山风动石重约 200 吨，高 4.37 米、宽 4.47 米、长 4.46 米，上尖底圆，状似仙桃，巍然"搁"在一块卧地凸起且向海倾斜的磐石上，两石的接触面仅为十余平方厘米。

早在明代张岱的《夜航船·荒唐部》里就有记载："漳州鹤鸣山上，有石高五丈，围一十八丈，天生大盘石阁之，风来则动，名风动石。"

风动石的奇妙之处在于它前后、左、右重量平衡极佳，大风吹来时，石体左右晃动，但倾斜到一定角度后就不会再动了，故称风动石。

它依山临海，气势雄伟，神奇无比，以奇、险、悬而居全国60多块风动石之最，被载入《中国地理之最》，古代文人将其誉为"天下第一奇石"，它的正面还题刻着毛泽东的诗句"风景这边独好"6个大字，成为一道绝佳的风景，是铜陵镇、东山岛的标志性景观。

东门屿也叫塔屿，位于东山岛铜山古城东部约1000米的海面上，全岛总面积近1平方千米。东山屿是一座月牙形的小岛，群山环绕着月亮湾沙滩，山上留着许多历史遗迹和寺庙。

岛上因海岸独特，奇石众多，再加上优美的自然风光，吸引了一批又一批影视工作者，至今已有20多部电影、电视剧在这里拍摄，被称为"天然影棚"。我国首部科幻影片《珊瑚岛上的死光》中的"马太博士岛"就是东门屿。

风动石的传说：相传明朝嘉靖年间，倭寇侵扰东山岛，见到这块神奇的风动石后，欲将其抢走，倭寇动用了数艘兵舰，套上绳索，费尽了力气，拼命拉它，只见风动石摇摇欲坠，就是无法拉动，而且最后捆绑在风动石上的绳索全绷断了，倭寇被回弹的绳索打飞，纷纷掉落海里，十分狼狈，而风动石依然屹立在原地。

东山关帝庙

东山关帝庙又名武庙，始建于明洪武二十年（1387），正德三年（1508）扩建，正德七年（1512）落成，是一座纵袤40米、横广17米的宫殿式大庙。后来，几经扩建、焚毁、重修，终成现在的规模。它依山临海，气势巍然，融建筑、石雕、剪瓷雕、木刻等民间艺术于一体，且已达到炉火纯青的地步。数百年来，东山关帝庙历经无数次的地震、台风的侵袭都安然无恙，让许多中外的建筑专家赞叹不已。

东山关帝庙是一座闻名海内外的庙宇，是我国台湾地区470多座关帝庙的香缘祖庙，关帝文化是闽台文化交流的重要纽带之一。据说，当年郑成功在率军收复台湾前，就曾至东山关帝庙问签。数百年来，闽南沿海渔民，尤其是东山百姓，更是把关帝视为他们的保护神。一年四季，前来朝圣的香客络绎不绝。

铜陵镇除了有"一山、一城、一石、一庙"之外，在苏峰山脚下还有众多的海滩，其滩长坡缓、沙子细腻、柔软，海面上无礁石、无污染，纯正的蔚蓝色一直向天边伸展，使整个铜陵镇透着文艺气息，因而成为众多影视剧的取景地。

东山关帝庙位于东山铜陵镇东边的岵嵝山下，它与山西运城关帝庙、河南洛阳关帝庙、湖北当阳关帝庙并称为中国四大关帝庙，是我国台湾地区众多关帝庙的香缘祖庙，具有悠久的历史。1996年被国务院公布为第四批全国重点文物保护单位。在全国众多关帝庙中，只有东山关帝庙和山西运城关帝庙是全国重点文物保护单位。

❖ 东山关帝庙

涠洲镇

独 具 特 色 的 海 蚀 风 景

涠洲镇由有广西"蓬莱岛"之称的涠洲岛与美轮美奂的斜阳岛组成，整个小镇及其周边最大的看点就是奇形怪状的海蚀洞、海蚀平台、海蚀崖、海蚀柱……另外还有贝壳沙滩、五彩滩等美得让人窒息的风景。

涠洲镇位于广西壮族自治区的北部湾海域，属于北海市海城区下辖镇。涠洲镇东望雷州半岛，东南与斜阳岛毗邻，南与海南岛隔海相望，西面面向越南。

涠洲镇是一个海岛镇

涠洲镇与北海市的直线距离为 21 海里，是一个海岛镇，四周是被大山包围的丘陵山地，西面是罗霄山脉，东面是武夷山与九连山脉，南面是南岭，在罗霄山脉的中段还有一条雩山山脉与武夷山相连接，形成一个对外相对封闭的自然环境，因而形成一种以汉文化为主导的、与周边文化相区别的客家文化。

在汉朝时，这里曾属合浦郡，元朝时海岛中建有涠洲巡检司，因而得名涠洲岛。1984 年 9 月，撤销公社设涠洲镇，隶属于北海市海城区，辖涠洲、斜阳两岛，海岸线长 57.2 千米，行政区域面积 26.63 平方千米。

❖ 涠洲岛

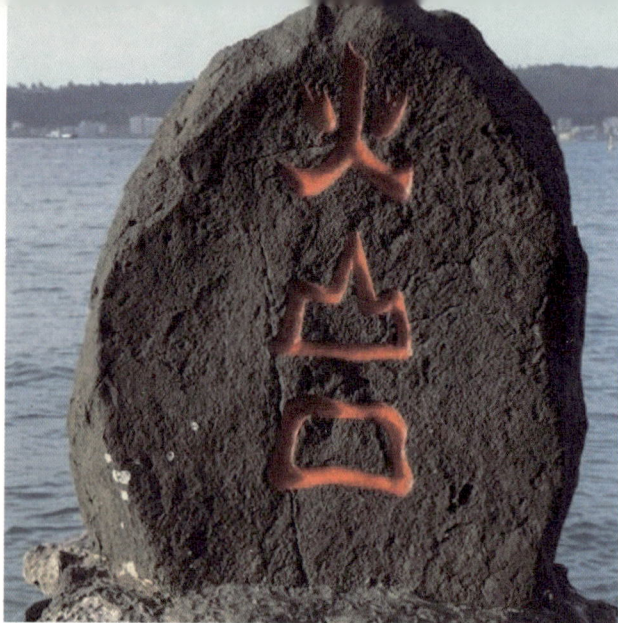

❖ 涠洲岛火山口

涠洲岛丰富多彩的地貌

涠洲岛是中国地质年龄最年轻的火山岛，也是广西壮族自治区最大的海岛，岛形近似于圆形，东西宽约 6 千米，南北长约 6.5 千米，数百万年来，多次发生海洋风暴、地震、火山及引发的海啸，加上平时海水与海岸的相互作用，形成了南高北低的地势，南半部以海蚀地貌为主，有海蚀崖、海蚀洞等，逐渐过渡到北部的海积地貌，如平坦宽阔的沙质海滩、沙堤、潟湖及礁坪。

岛内丰富多彩的海蚀、海积、海滩地貌形成了大量的景点，其中最具特色的景点有鳄鱼山、滴水丹屏、石螺口和五彩滩等。

❖ 涠洲岛灯塔
这座灯塔是全岛的制高点和标志性建筑，也是渔民们的守护神。

❖ 鳄鱼山沿海栈道

❖ 滴水丹屏

滴水丹屏附近有涠洲岛最大、最美的沙滩——金马滩，沙子非常干净、柔软。

鳄鱼山

鳄鱼山位于涠洲岛南湾西侧，如一只"绿色巨鳄"潜伏于海岸之上，这里是观赏火山岩石与美妙海景的绝佳去处。

沿着鳄鱼山沿海栈道顺海而走，可以看到山脚下的奇石怪岩，它们经过千百年的水蚀风刻后神态各异，有火山弹冲击坑、古树化石、水帘洞、海蚀柱、海蚀拱桥、海蚀墩、龙宫、藏龟洞、贼佬洞、百兽闹海等地质奇观，十分具有观赏价值。此外，涠洲岛灯塔和月亮广场也是不错的游玩之地。

滴水丹屏离海底珊瑚区很近，水下岩石成巨型块状，深度为 5 米左右，可见少量的珊瑚、海葵以及部分海洋鱼类，适合稍有潜水经验的潜水者。

鳄鱼山是涠洲岛的主要景区之一，2009 年 12 月被批准为国家 4A 级旅游景区。

滴水丹屏

滴水丹屏堪称中国火山景观的奇迹，曾被列为"北海八景"之一，位于涠洲岛西部的滴水村，其海滩背后就是涠洲岛灯塔，沿着环岛路骑行 5 分钟即可到达。

石螺口海滩西北部有一块被称为"望夫石"的海蚀岩，其似身背婴孩的美丽少妇，站立海岸盼夫归来。它是石螺口的网红打卡景点。

❖ 望夫石

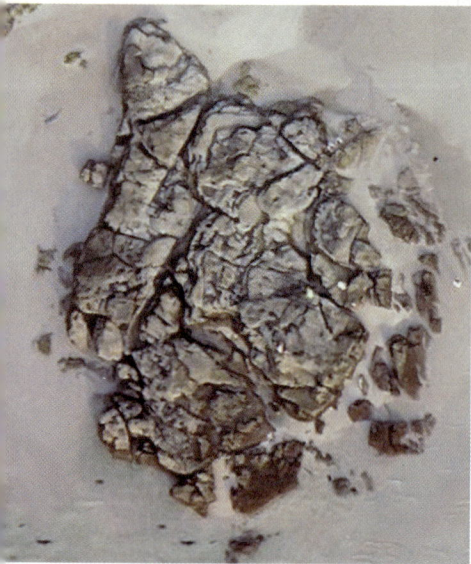

❖ **鸟瞰石螺口**
从空中看，石螺口像一只王八，或许王八不够好听，所以才用石螺这个名字吧。

滴水丹屏原名滴水岩。绝壁裸露的岩层有红、黄、紫、绿、青五色相间，纹理异常清晰，绝壁上部绿树成荫，红花绿叶倒挂崖头，展现旖旎多姿的色彩，取"丹屏"之意；绝壁上的岩层中常有水溢出，不断地向崖下滴落，所以取名"滴水"。

滴水顺着丹屏汇流于绝壁脚下，沁入银色沙滩，融入大海，消失在阵阵涛声中，犹如仙境一般的浪漫。

石螺口

从滴水丹屏沿着海滩或环岛路，往北行走2~3千米就能到达石螺口。其因附近村庄形似石螺而得名，沿岸火山岩、海蚀岩丰富、奇特、怪异。

石螺口的沙滩很棒，硕大的一个沙滩上游人寥寥无几，有很多水上运动项目，如沙滩车、水上摩托，而且这边浪比较大，是一个不错的冲浪之地。

盛塘天主教堂

盛塘天主教堂位于涠洲岛的盛塘村，是"晚清四大天主教堂"之一。该教堂建于1853年，由法籍范神父花了10年时间，用岛上特有的珊瑚石，建造了这座典型的文艺复兴时期法国哥特式教堂。该教堂建筑面积774平方米，连同附属建筑在内总面积达到2000余平方米，是广西壮族自治区沿海地区最大的天主教堂，2001年被列为全国文物保护单位。

❖ **盛塘天主教堂**
在清代，朝廷因涠洲岛"孤悬大海，最易藏奸"而发出"永远封禁"令。清同治六年（1867）"重开岛禁"，据史料记载，当时岛上的移民总数约6000人，几乎全是客家人或从本省其他地方移民而来的，其中1/3是天主教徒。由于教徒人数众多，在涠洲岛传教的法籍范神父，为解决宗教活动场所，所以才筹建了这座哥特式教堂。

❖ **三婆庙**

三婆庙又称妈祖庙、天后宫，建于 1732 年，它利用海蚀洞作为天然屏障，庙与岩洞巧妙地结合在一起，高度体现了涠洲岛人的智慧。庙外花木茂盛，岩石纵横，曲径旁通。庙侧绿荫下有几口仙人井，涌泉长溢不断。井水有口甘生津、清凉解毒之效。

在涠洲岛除了有天主教堂外，还有三婆庙等人文景观，印证了中西合璧的历史足迹。

五彩滩

五彩滩原名芝麻滩，因沙滩上有许多像芝麻一样的小石粒而出名，退潮后的芝麻滩格外漂亮，旁边被海水腐蚀的岩石不仅形态各异，而且由于有绿苔、红藻覆盖，在阳光的照射下，呈现五彩斑斓的景色，因此得名"五彩滩"。

五彩滩位于涠洲岛东海岸，在长达 1.5 千米的海岸线上，退潮时可见宽达几十米至上百米的海蚀平台；平台上一层又一层的海蚀沟，在阳光的照耀下十分漂亮；在海蚀平台的尽头耸立着高达 20~50 米的海蚀崖；在海蚀崖与海蚀平台的交界处，形态各异的海蚀洞随处可见，形成国内罕见的集海蚀崖、海蚀平台、海蚀洞于一体的地质景观带。

❖ 红色海蚀崖

❖ 贯穿贝壳沙滩的环岛路

贝壳沙滩

从五彩滩往北一直到西北部的蓝桥（即中石化原油码头），绵延将近6千米的海滩都属于贝壳沙滩，它是涠洲岛海岸线上最长的沙滩，有一条环岛路贯穿贝壳沙滩沿岸，从环岛路上即可走进贝壳沙滩。

贝壳沙滩游客稀少，因此保留了更多的原生态景色，喜欢赶海的朋友一定要到上面走走，许多小螃蟹、贝壳、珊瑚等你伸手去捡拾，让人格外惬意。

斜阳岛状似一朵盛开的莲花

涠洲镇的主要风景几乎都集中在涠洲岛上，不过，涠洲岛东南方向约9海里处的斜阳岛的风景也是不容错过的。斜阳岛上居住的人很少，约有290人，民风淳朴，村民多靠打鱼为生，夜不闭户，宛如世外桃源。湖南卫视2014年8月18日播出的《变形计》曾在此取景。

斜阳岛的面积为 1.89 平方千米，与涠洲岛一样，是由火山喷发堆凝形成，岛屿状似一朵盛开的莲花，中部凹陷，四周凸出。沿岸陵岩壁立，下临深渊，飞鲨、怪鱼、贝类、珊瑚清晰可见，是潜水爱好者的天堂。

岛上冬暖夏凉，野花繁多，森林原始，山径迷离，海蚀、海积及熔岩景观奇特，是寻幽探险的乐园。

❖ **中石化原油码头大桥**

这是涠洲岛海岸线上的网红打卡点，尤其在雾天能拍出大片的感觉。

因为从涠洲岛上可观看太阳斜照岛上的全景，又因它横亘于涠洲岛东南面，南面为阳，故称斜阳岛。

❖ **斜阳岛美景**

图兰奔

纯 粹 的 潜 水 胜 地

　　图兰奔地处偏僻，几乎毫无商业设施，是一个纯粹的潜水胜地，而且几乎集中了巴厘岛所有的热门潜点。

巴厘岛的居民主要是巴厘人，他们信奉印度教，这里以庙宇建筑、雕刻、绘画、音乐、纺织、歌舞和风景闻名于世，是世界旅游胜地之一。

潜水者的乐园

　　图兰奔位于印度尼西亚的著名旅游岛——巴厘岛的东北部，是一个比较偏僻的小镇，和巴厘岛其他地方比起来，简直就是一个人烟稀少的小村，因此又被人们称为图村。

　　图兰奔既没有银行、商场、像样的酒吧和咖啡馆，也没有牛排和红酒，甚至海边都没有很好的沙滩，唯有阿贡火山和神秘的海底世界与之为伴。由于特殊的地形、海底珊瑚的多样性以及极其丰富的海洋生物，这里成为潜水者的乐园，被称为"世界最美的50个潜水胜地"之一。

　　整个图兰奔海湾长度约为500米，主要由3个潜点构成："自由"号沉船、断崖和珊瑚花园。

"自由"号沉船

　　图兰奔最有特色、最有趣的潜点是距离海岸约40米处的海底一艘第二次世界大战时期的美国沉船——"自由"号的残骸。

　　"自由"号沉船长120米，船体倒向右侧，最浅处（船尾）离水面不足3米深，水下平均能见度为15~25米。该沉船已经被珊瑚、海葵以及各种其他的海洋生物占领，人们在潜水时稍微一个动作，就能惊动一群小鱼从身边飞速游过，然后很快地钻进船舱，或是邂逅一群看似蠢笨的隆头鹦嘴鱼在不远处来回自由地游动。

❖ 天空之门

天空之门离图兰奔很近，开车大概30分钟的路程。

"自由"号沉船潜点周边水况安全、水下生物丰富，是一个世界著名的潜点，也是在图兰奔潜水的亮点之一。

断崖

断崖位于图兰奔不远处的海边，是由阿贡火山的岩浆形成的峭壁，峭壁下是一片小碎石子沙地，沿着沙地向东游，深度为3~70米，崖壁上覆盖了各色珊瑚，巨扇珊瑚尤为壮观，这里是微距天堂。断崖潜点适合岸潜或船潜，在断崖深处除了布满珊瑚和大海扇外，还有机会遇到白鳍鲨，断崖浅水处能遇见海豚、章鱼、石头鱼、狮子鱼、海兔、寄居蟹和杰克鱼风暴等。

❖ 阿贡火山

阿贡火山是一座位于巴厘岛东部的活火山，海拔2997米，为巴厘岛的最高峰，被当地人奉为圣山。在巴厘岛的神话中，诸神以群山为神座，将最高的神座阿贡山置于巴厘岛。又有一神话说诸神见巴厘岛摇动不稳，便将印度教的神山马哈默鲁镇压在巴厘岛上使之稳定，更名为阿贡火山。图兰奔离阿贡火山只有10千米的距离，如果火山再爆发，这里也属于危险地带。

❖ "自由"号

1918年6月，"自由"号在美国新泽西建成并成为美军的运输舰，第二次世界大战打响后，"自由"号被派往东方执行运输任务，1942年1月，"自由"号执行任务行至巴厘岛，被日本潜艇的鱼雷击中后废弃在图兰奔的沙滩上。1963年，不远处的阿贡火山爆发，引起地震和巨浪，将"自由"号抛到如今的位置。

❖ 图兰奔断崖

约400种鱼类以图兰奔为家，包括鲨鱼、隆头鹦嘴鱼、巨石斑鱼这些大家伙。

❖ 珊瑚花园中的佛像

珊瑚花园

珊瑚花园在"自由"号沉船和断崖之间，大片美丽的软珊瑚和硬珊瑚从2~3米深的地方开始斜着延伸到15~20米深处。在海底岩石上有很多为了保护珊瑚的铁架，上面不仅布满了各式珊瑚，还有当地渔民在珊瑚间安放的许多佛像、佛龛，使这个潜点变得更加神秘，成为巴厘岛的网红打卡潜点之一。

珊瑚花园适合浮潜和深潜，在此潜水时，会有彩虹鳗、剃刀鱼、皇帝神仙鱼以及甜唇鱼从身边游过，甚至还有胆大的鱼会好奇地游到潜水者身边，打量着这些不速之客。

图兰奔拥有巴厘岛最好的潜点，除了拥有最负盛名的"自由"号沉船、断崖和珊瑚花园潜点之外，沿着小镇海岸还有几十个潜点：可以从岸边走下大海，也可以从悬崖上一跃而下；可以浮潜，也可以深潜；不管是潜水初学者，还是有经验的潜水者，在图兰奔都能找到适合自己的潜点，享受潜水的乐趣。

乌布镇

乌布镇沿街排开的木雕、石雕、椰雕和绘画作坊、日间的寺庙祈福、风景旖旎的活火山、原始椰林，以及划分规整的碧绿梯田，给人们带来一种独一无二的精神享受。

巴厘岛给人的印象是拥有丰富的海洋旅游资源，沙滩、碧海、阳光是巴厘岛的代名词，而位于巴厘岛中南部的乌布镇，却不仅仅因为海洋风景而出名。

巴厘岛人生性爱花，岛上处处用花来装饰，因此，该岛有"花之岛"之称，并享有"南海乐园""神仙岛"的美誉。

巴厘岛的艺术发源地

2010 年，美国影星茱莉亚·罗伯茨主演的电影《美食、祈祷和恋爱》将乌布镇介绍给了世界，让人们知道并认识了乌布镇，电影中有部分镜头就是在乌布镇的主要街道拉亚街拍摄的。拉亚街与猴林路的交会处就是乌布镇中心，街道上的艺术品商店、寺庙和博物馆充满艺术感，并以绘画、雕刻、音乐、舞蹈、摄影，甚至建筑等形式呈现。

乌布镇是巴厘岛的艺术发源地，乌布皇宫、乌布市场等主要景点都聚集在镇中心。乌布镇四周被稻田包围，其间分布着石雕村巴土布兰、银器村、苏鲁村，还有油画村、蜡染村等各具特色的小村。村镇中不仅有浓郁的艺术和文化氛围，还透着厚重的宗教气息。据说巴厘岛在修建众多的度假村和旅馆时，几乎所有的装饰品都是来自乌布镇及其周边地区。

❖ 乌布镇充满艺术感的商店

❖ 乌布镇工艺品

电影《美食、祈祷和恋爱》中展现的乌布镇的街道很拥挤，茱莉亚·罗伯茨骑着老式单车，穿行于小巷中，柔光镜中透出的朦胧，旧城碎瓦间丛生的热带植物，重新唤起了内心的希望和真实的自我。

乌布皇宫

乌布皇宫是乌布镇的地标，是巴厘岛王室的居所，其建于 16 世纪，面积不大，但古旧、沉稳，内部就像一个花园，还有一些凉亭式的建筑和雕像，充满了巴厘岛风情。

早在 20 世纪初，荷兰人就废黜了当地王室，但王室仍受到当地人的广泛尊敬，如今国王和他的夫人以及许多王族后裔仍住在乌布皇宫。乌布皇宫内有 60 多间房，如果游客需要，并能出得起昂贵的费用的话，也可以在这里住宿，体验一下皇宫生活。

在巴厘岛，不仅乌布皇宫的门很窄，普通百姓家的门也很窄。传说以前山里有妖怪吃人，但是妖怪很死心眼，不会翻墙，只会走大门，所以人们就把门做得很窄，妖怪就进不来了。

❖ 皇宫很窄的门

几百年前，据说巴厘岛上曾有 8 个王国，乌布被包围在其中，由于乌布国王广结善缘，所以别的王国都消失了，只有乌布保留了下来。这里的国王只是身份的象征，并非真正意义上的国王，游客还可以和国王合影。

❖ 乌布皇宫

❖ 圣泉寺雕塑

圣泉寺的建筑规模宏大，包含了巴厘岛庙宇的所有特点，石制圣龛上早已是苔痕斑斑，而泉涌依然如当年。

　　从乌布皇宫出来，对面即是有名的乌布市场，里面有各种各样的佛像、木雕、饰品和银器商店，游客可以在此尽情地砍价，只要足够耐心，就能买到称心如意的东西。

圣泉寺

　　离乌布镇不远的圣泉寺是巴厘岛上六大著名庙宇之一。据古老的石碑上记载，圣泉寺于公元 962 年就已建造完成。

　　圣泉寺内最有名的就是建有一排 24 个龙首的泉水出口，泉水由龙口流入下面的大水池，供朝圣者接水和沐浴。

关于圣泉水的来历

　　相传马亚达瓦魔王自诩法力无边，因而向诸神发起挑战，却被天神英特拉打败。马亚达瓦为了挽回面子，于是在诸神住地变出了一处清澈的泉水，许多天神因为喝了泉水或在泉水中沐浴而中毒死亡。天神英特拉闻讯后，拔出佩剑插入大地，引出长生不老泉，破了马亚达瓦的法术，使中毒的天神复活。马亚达瓦害怕众神报复，幻化为石头躲了起来，天神英特拉发现了马亚达瓦幻化的石头后，用神力拉满弓，一箭射向石头，石头流出的献血汇入了贝塔努河，直到如今，当地人依旧深信，天神英特拉用箭引出的长生不老泉即圣泉，可以为人消灾；而贝塔努河被马亚达瓦魔王的血污染了，不能用以灌溉农作物，否则将会颗粒无收。

❖ 圣泉寺

圣泉寺是巴厘岛上六大著名庙宇之一，它依地下泉眼而建，据说附近居民每天早、中、晚都会来此沐浴、祈福。

乌布镇还以美丽的稻田和山脉而闻名，游客可以在这里享受美丽的自然风光。

据说，圣泉寺的圣泉水永远都是清澈的，每个龙口流出的水有不同的功效，有的可以消灾解祸，有的可以洗涤心灵，有的可以驱逐病痛……它吸引了来自世界各地的善男信女来此膜拜、沐浴，当地人更是每天早、中、晚三次来此沐浴。

圣泉寺周边与乌布镇其他地方一样，有许多工艺品街，街道都不长，往往是人流最集中的地方。穿梭于乌布镇或工艺品街，到处可以看到各种有个性的画作、木雕、手工艺品，无不向人们展现乌布镇乃至巴厘岛数百年的文化和艺术底蕴。

北荣町

《 名 侦 探 柯 南 》 的 故 乡

北荣町是一个交通不太便利的小镇，是日市知名推理漫画家青山刚昌的出生地，随着他的漫画《名侦探柯南》出版，在海内外人气暴涨，吸引了无数"柯南迷"来此"朝圣"，因此这里也被称为"柯南小镇"。

北荣町位于日本鸟取县，面临日本海，是由 6 个村合并起来的町（乡镇），全镇只有一家大型超市，以及小小的商店街，不足 1.5 万名居民。

"柯南"是整个北荣町的灵魂，小镇大街小巷随处可见柯南的形象，路上的标志牌、浮雕、铜像、井盖，甚至有些房屋的砖块上都有柯南的雕刻和"柯南"侦探所、博士的车等《名侦探柯南》漫画中出现的场景和物品；在北荣町还有一条全长 1400 米的柯南大道、一座满是柯南形象雕塑的柯南大

日本漫画家青山刚昌创作的《名侦探柯南》在播出的 20 多年的时间里一直被大家喜爱，虽然如今的电视收视率大不如从前，但是在网络上的点击率却一路飙升。青山刚昌被誉为"良心派"的漫画家，他不但用天马行空的思维创造出了柯南，还让读者（观众）窥到了日本推理文学的一隅。

❖ 柯南

❖ 日本漫画家青山刚昌的漫画形象

❖ 青山刚昌博物馆

❖ 北荣町井盖上的动漫形象

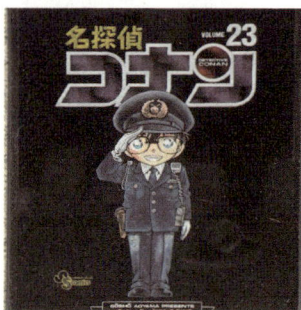
❖ 北荣町中的动漫形象

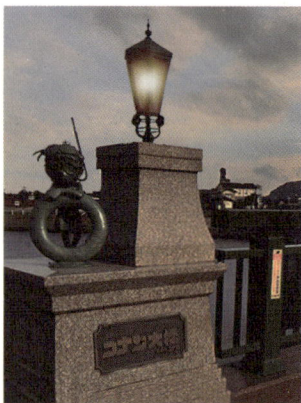
❖ 柯南大桥

柯南大桥全长约70千米，1999年12月23日正式通行，大部分大桥两端的入口都会有桥墩或者牛、狮子、老虎等吉祥物，而柯南大桥的两端是两尊小柯南雕像，大桥上的路灯、桥壁、桥面上都有柯南的形象。

桥、一座以"柯南之父"青山刚昌的动漫为主题的青山刚昌博物馆和一条专属的柯南列车观光线路。不仅如此，北荣町的居民卡、户口簿以及各种政府文件上都印有柯南的形象，连小学、图书馆、政府机关的门口都有柯南的形象雕塑。

北荣町是一个靠海却让人忽略大海的地方，小镇到处都能看到柯南的踪迹，随处都可以与"柯南"合影，如果还不尽兴，随便走入一家商店，就可以买到带有《名侦探柯南》漫画中形象的糖果、手机链、帽子、T恤、扇子、玩具和其他各种道具，或者干脆买一套《名侦探柯南》漫画书，带回去慢慢看。

❖ 柯南大桥上的柯南浮雕

❖ 阿笠博士的黄色甲壳虫

青山刚昌博物馆（柯南纪念馆）门前停靠的是阿笠博士的黄色甲壳虫，此外，在纪念品商店、侦探社、博物馆内还能买到《名侦探柯南》漫画的相关产品，如服饰等。

❖ 小镇到处都是《名侦探柯南》的剧情人物雕塑

　　《名侦探柯南》漫画从 1994 年诞生至今，一直没有完结，主角柯南遭遇无数案件，均能巧妙化解各种危机，其年龄却始终停留在小学一年级，与黑暗组织相爱相杀，随着漫画故事内容的推进，北荣町总会第一时间在小镇的某个角落，增加与故事内容同步的内容，让"柯南"的粉丝们去寻找发现。

柯南列车每日运行 3 ~ 5 次，往返于鸟取车站至米子车站之间，柯南列车内外都画满了《名侦探柯南》的剧情人物、场景。
❖ 柯南列车

瓜镇

瓜镇地处兰卡威岛，却并不以海滩出名，而是靠商店、港口和巨鹰广场优美的湖泊、喷泉、小桥和回廊等吸引游客。

兰卡威群岛又名浮罗交怡，由104座小岛组成，不过在涨潮以后，只能看到99座。

瓜镇位于马六甲海峡，在槟榔屿的北方，位于兰卡威岛西南侧。兰卡威岛的四面被海水环绕，绕岛一周约80千米，岛内有很多山，它是兰卡威群岛中唯一一座有人居住的岛。

全岛最热闹的地方

"瓜镇"在马来语中意为"肉汁"，传说中两个巨人争抢一碗炖肉，不小心将碗中的肉汁洒落在兰卡威岛，因而形成了"瓜镇"。

瓜镇很小，就像一个小渔村，不过这里是兰卡威岛的商业和行政中心，也是兰卡威岛唯一像是城市的地方，镇中心有学校、医院和商店，还有一个免税店和购物中心。

❖ 瓜镇湖畔的巨鹰广场

❖ 兰卡威水屋

瓜镇与兰卡威岛其他地方相比，并没有特别优质的海滩，夜生活也不丰富，但它是兰卡威岛的主要港口，是各地游客登岛的必经之地，有全岛最大的购物中心、餐厅、酒店和手工艺品商店等，因此这里是全岛最热闹的地方。

巨鹰广场

在兰卡威岛，鹰有着独特的意义，是岛上的吉祥物。兰卡威岛上有很多关于鹰的建筑，最有名的就是瓜镇港口的巨鹰广场。巨鹰广场上有一座高 45 米的鹰塔，形如一只展翅高飞的老鹰，建于 1996 年，耗资 1000 多万马元，象征着兰卡威岛蓬勃发展的未来。巨鹰广场是兰卡威岛上的最大建筑群，有优美的湖泊、喷泉、小桥、回廊等，游客在此享受广场美景的同时，还能享受海风的轻拂。

兰卡威之鹰

"兰卡威"一词在古马来语中有"强壮的鹰"的意思。马来西亚古文学中将兰卡威岛形容为毗湿奴的坐骑——神鸟揭路茶的休息地。相传，在兰卡威岛还没有出名前，一位王臣来到这里，见到一只巨鹰伫立于巨石上，迟迟不肯离去，王臣认为这只巨鹰便是揭路茶，在马来语里鹰是"HELANG"，而石头是"KAWI"，于是便有了兰卡威（LANG KAWI）这个名字。

瓜镇夜市很有名，可惜不是每天都有，不过在瓜镇乃至整个兰卡威岛到处可以看到用汉字书写的招牌、广告等，可见中国游客已经成为这里的主要游客。

❖ **瓜镇有很多这样的商场**
整个瓜镇感觉就像我国农村国道边上的小镇，主路两边遍布各种店铺。

❖ **兰卡威鹰**
兰卡威岛的老鹰有两种，红色的是兰卡威鹰，灰白色的是海鹰。

23

❖ 瓜镇风景

兰卡威岛上的居民大多是马来人，瓜镇及其周边更是岛上居民最集中的地方，这里有不少人至今仍然居住在传统的高脚屋和铁皮平房里，以渔业及种植橡胶为生，过着平静的生活，正是这种纯净与淡然，才能让逃离都市的旅客爱上这里。

❖ 汪大渊

兰卡威岛有悠久的历史和传统文化，我国元朝民间航海家汪大渊在所著的《岛夷志略》中曾介绍它："当时龙,牙菩提（兰卡威岛）没有稻田，只种薯芋，收成后堆存屋内，作为储粮。此外还种植果类和采集蚌、蛤、鱼、虾补充薯芋食用。产品包括速香、槟榔、椰子等。"明代的《郑和航海图》中也曾提及兰卡威岛。

普吉镇

普 吉 岛 更 具 魅 力 的 重 要 元 素

普吉岛被誉为"安达曼海的明珠",几乎美到无可挑剔,岛上芭东镇宽阔金黄的沙滩、细腻的沙粒、碧翠色的海水和普吉镇上的中式建筑、西方殖民时期的建筑,以及各种历史文化古迹,更使它魅力四射。

普吉岛位于印度洋安达曼海东南部,离泰国首都曼谷 867 千米,被誉为"安达曼海的明珠",是泰国主要的旅游胜地。普吉岛是泰国最大的海岛,整座岛有两个中心:一个是胜在古老建筑的普吉镇,一个是胜在繁华海滩的芭东镇。

据相关报道,那些矮小的游牧族人直到 19 世纪中叶还生活在普吉岛中心地带的茂密丛林里,但最终由于大批的开采者来普吉岛开采锡矿,他们才彻底迁移。

胜在古老建筑的普吉镇

普吉镇又称普吉老街,位于普吉岛的东部,在普吉机场有出租车和小客车到普吉镇,车程 45 分钟左右。

普吉镇离海边有点儿远,不过各个海滩均有班车可到达,这里是一个省会城镇,聚集着政府办公楼,是普吉岛的历史文化中心。

根据普吉岛上的洞穴中发现的稻米样本研究推测,普吉岛的文明可以追溯到公元前 6800 年。

九世泰皇登基纪念灯塔矗立于普吉岛的离岛——神仙半岛的最高点,这里的地势是凸出岛屿的,且三面环海,场景十分开阔。

❖ 九世泰皇登基纪念灯塔

普吉岛曾经的原住民,矮小的游牧族

普吉岛是泰国境内唯一受封为省级地位的岛屿,地处热带,属潮湿的热带气候,常夏无冬。这里有悠久的历史文化,早在公元前 1 世纪,普吉岛就有人居住,曾经被矮小但勇敢的海上游牧族所占据,他们没有任何文字和宗教信仰,被称为"Chao Nam"或"海上的吉卜赛人"。这些矮小的游牧族人能建造出小而坚硬的船只,常年在普吉岛沿海采集贝类或者干脆劫掠过往船只,被世人认为是极为原始和野蛮的一族。

约 16 世纪时,泰国古代阿瑜陀耶王国崛起,统治范围北达兰那泰王国,南至马来半岛的六坤,东面曾扩张到老挝的琅勃拉邦,西抵丹那沙林,普吉岛也被并入阿瑜陀耶王国。17 世纪末期(1767 年),阿瑜陀耶王国被缅甸灭亡。如今普吉岛属于泰国普吉府管辖。

❖ 古镇的葡萄牙风格建筑

普吉岛在 500 多年前是一个锡矿基地，吸引了大量的各国商人到此，而普吉镇早期是一个因锡矿而形成的村落。18 世纪后，大批华人涌入这里挖锡矿，并在此定居，直到 19 世纪末才逐渐形成城镇，20 世纪初，这里的锡矿开采达到巅峰时期。如今，普吉镇中还能发现历史悠久的中式骑楼，甚至还能看到烟雾缭绕的中国道观。后来，普吉岛的锡矿资源越来越少，开始没落，岛上居民转向橡胶行业，并借助海岛优势大力发展旅游业，如今他们从事的职业一大半都和旅游业相关。

探索普吉镇的最好方式就是在老城区中央漫步，这里每个转角一砖一瓦的裂纹都满载着历史。整个古镇除了中式建筑之外，还有大量的西方殖民时期的建筑和多元化的老建筑、老爷车、老式巴士，向游客展示着历史情调……

普吉岛的原意是"山丘"，诚如其名，普吉岛面积的 70% 为山丘地势。它是一座由北向南延伸的狭长岛屿，面积与新加坡相近，岛上主要的地形是绵亘的山丘，到处都是绿树成荫，最高的山海拔 529 米，平地主要位于中部和南部。

普吉镇上有开往岛上各个海滩的巴士，一种是蓝色的，一种是绿色（空调）的。这些开往各个海滩的巴士的车身用英文写着目的地地名，没有固定车站，可以在沿途经过的地方招手示意，随叫随停，很方便。

普吉机场在普吉岛的北边，坐出租车前往，车费为 600 泰铢左右。坐小客车的票价为 150 泰铢 / 人。

❖ 普吉镇的街头涂鸦

整个小镇很安静，几乎在所有能看到的完整墙壁上都会有创意十足的绘画，这里甚至可以叫作"壁画小镇"。

❖ 普吉大佛

普吉大佛位于普吉岛西南部的山冈顶，向东面向攀牙湾，背向安达曼海，高45米，底部莲座直径25米。山顶可以俯瞰整个普吉岛。

胜在繁华海滩的芭东镇

普吉岛拥有众多海滩，且大部分美丽的海滩位于岛的西侧，如海岸线弯而细长，水清沙细，浪头较高，是理想冲浪点的卡伦海滩；海水清澈，北部还有珊瑚礁相伴，是非常理想的潜点的卡塔海滩；而芭东镇的芭东海滩，在普吉岛所有海滩中具有压倒性优势。

❖ 查龙寺

普吉镇的寺庙很多，有传统的、中式的（偏岭南风格）、印度式的，还有一些清真寺和教堂。查龙寺是免门票的，它是普吉岛最大的寺庙，供奉着108尊金佛。

❖ 芭东海滩

芭东海滩上各种水上活动一应俱全，有水上拖伞、橡皮艇、帆船、冲浪、摩托艇等，美中不足的是芭东海滩的游客很多，较为吵闹，不如其他海滩的水质好。

❖ 呈 "W" 形的卡塔海滩

卡塔海滩位于芭东海滩和卡伦海滩的南面，拥有两个美丽的海湾，外形上呈 "W" 形，被当地人昵称为 "大卡塔" 和 "小卡塔"。

芭东镇沿着普吉岛的海岸线而建，是一个因海滩而闻名的小镇，距离普吉镇 15 千米。芭东海滩全长 3 千米，沙滩平缓、海浪柔和，不仅有完美的海滩美景，而且有丰富的娱乐、度假项目和热闹的夜市，是普吉岛开发最早、发展最成熟的海滩小镇。

各具特色的普吉岛离岛

卡伦海滩有一处观景台，可以从山上俯瞰下面的芭东、卡伦、卡塔 3 大海滩。

除了本岛的古镇和海滩之外，普吉岛还下辖 39 座离岛，每一座岛屿都有精致绝美的景色。

❖ 卡伦海滩观景台

❖ 芭东佛寺

珊瑚岛：因丰富的珊瑚群生态而得名，位于普吉岛最南边9千米处，在小岛的周围环绕着各种色彩缤纷的珊瑚礁，这里是泰国国家一级珊瑚保护区，优质的珊瑚可以和马尔代夫的媲美，是各种水上运动的最佳选择地点。

皇帝岛：曾经是泰国王室的专属度假岛屿，能带给游客"世外桃源"般的体验。

皮皮岛：由大皮皮岛和小皮皮岛组成，这一片美丽海域是怒江的入海口。在大皮皮岛和小皮皮岛之间有两个非常漂亮的海湾：罗达拉木湾和通赛湾。两个海湾之间往返只要步行10分钟，景色相当悠闲写意。

❖ **珊瑚岛美景**
在珊瑚岛能看到蓝色海星和不知名的海洋生物。浮潜点有10~20米深。

❖ **皇帝岛美景**

❖ **皮皮岛美景**
相较于泰国其他区域，皮皮岛的消费比较高。

兰塔镇

由 小 岛 点 缀 的 美 景

这是一个"养在深闺人未识"的岛镇，如果你想体验泰国岛屿风情，又不想那么喧嚣，那么兰塔镇绝对不容错过。

❖ 兰塔镇的海边风景

兰塔镇位于安达曼海西海岸，是普吉岛和甲米岛南面的一个岛镇，由 52 座岛屿组成，其中包括两座最大的岛屿：小兰塔岛和大兰塔岛，周围环绕着珊瑚礁。大兰塔岛是大部分美丽的海滩以及旅游景点的所在地。

南北高度差 500 米

大兰塔岛地形奇特，向南北方向延伸 27 千米，横穿岛屿的是原始热带雨林的山脉，山脉的北部和南部的高度差有 500 米，有多条徒步路线。除此之外，大兰塔岛以其长长的海滩、安静的要塞以及水上和水下的自然美景而闻名，它是海滩爱好者和水肺爱好者的天堂。

❖ 兰塔岛海滩

兰塔岛海滩的细沙下全是坚硬的岩石。

由北向南，从繁华到寂静

　　大兰塔岛由北向南，给人一种从繁华到寂静的感觉。北部的兰塔镇比较繁华，也是岛上最热闹的地方，有一条商业步行街和一个有着很长一段栈桥的码头。传闻老镇很早之前

> 兰塔岛上的游客很少，几乎都是欧美人，物价低，很安静，非常适合度假。

穆兰塔国家公园内最吸引人的当属那一片顶级沙滩，沙滩边有一座废弃的灯塔，是很有名的网红打卡点。

❖ 穆兰塔国家公园内的灯塔

❖ 兰塔潜水天堂

离兰塔主岛不远的离岛 HAA 岛是兰塔最佳的潜点之一。

> 兰塔岛上有很多猴子，不管是在山林中还是海滩上，都能见到它们的身影，而且这些猴子很聪明、顽皮，会抢夺行人的东西，其顽皮程度完全碾压国内的旅游景点的拦路猕猴。

翡翠洞位于兰塔岛海域的一座海中小岛上，在海面处有一个溶洞。

❖ 翡翠洞

❖ 兰塔岛最美的沙滩

在灯塔下面有两个海滩，沙滩很细、很软，这里应该是兰塔岛最美的沙滩了。

住的是福建华侨，所以老镇街道的建筑多多少少带有中国古风的味道，看起来和我国的小乡村有几分相像。

大兰塔岛越往南走越僻静。兰塔岛南部是著名的穆兰塔国家公园，该公园内有山和海滩，自然环境得天独厚。这里生活着各种野生小动物，行走在公园内，随时都能看到科莫多巨蜥和顽皮的猴子。

❖ 科莫多巨蜥

科莫多巨蜥又名科莫多龙，是与恐龙同时代的史前怪兽，也是已知现今存在种类中最大的蜥蜴。它们已濒临灭绝，野外仅存 3000 只左右。

五渔村

宛 如 上 帝 打 翻 了 调 色 盘

5个建立在悬崖边的小村，房屋鳞次栉比，错落有致，背山面海；在山岩与大海间，村庄的外墙被涂上红、黄、蓝、绿、橙、粉等颜色，宛如上帝打翻了调色盘，将所有的色彩都倾倒在这里，绘成了一幅幅令人惊艳的油画。

五渔村被誉为"世界十大最美小镇"之一，位于意大利比萨以北大约120千米处，1997年被联合国教科文组织列入世界文化遗产名录，1999年成为意大利的国家公园，曾被美国《国家地理》杂志盛誉为"世外桃源"。

20世纪70年代末，一位美国背包客无意间闯入了这片世外桃源，五渔村展现的一切都令他惊艳不已。回国后，他将拍摄的照片投递给美国《国家地理》杂志，五渔村就此扬名于世，成为全世界旅游者心中的圣殿。

五渔村

五渔村是意大利利古里亚大区拉斯佩齐亚省沿海地区5个依山傍海、俯瞰着地中海北岸的小村。5个小村由北向南分别是蒙特罗索、韦尔纳扎、科尔尼利亚、马纳罗拉、里奥马焦雷，小村之间由步道和火车站连接在一起。陡峭的山崖、

❖ 奥罗拉塔

16世纪时，为了抵抗海上的侵略者，蒙特罗索人建起了13座高塔，如今所剩无几。奥罗拉塔就是其中一座，它高高耸立在分割村庄的山岬上，被当地人称为"海峰上的塔"。

❖ 五渔村火车

这是穿梭于各个小村之间的五渔村火车。在五渔村，最便利的交通是铁路——火车每小时一班，每个村庄之间只有十多分钟的车程，一不留神，打个盹儿就可能错过。

33

❖ **蒙特罗索巨人雕塑**

蒙特罗索巨人雕塑也被称为海神雕塑，位于蒙特罗索海岸的一角，是一个很容易被忽略的景点，但却是一座很惊人的建筑，也是蒙特罗索村的标志。该雕塑建于 1910 年，第二次世界大战期间遭到轰炸，受到了重创，如今能看到的只是一个断臂巨人的形象。

五渔村最早的历史记载可以追溯到公元 8 世纪里奥马焦雷的出现。公元 11 世纪，在热那亚共和国统治时期，出现了蒙特罗索和维尔纳扎两个村落，其他两个村子出现的时间稍晚一点。16 世纪，奥斯曼帝国开始在地中海沿岸扩张，村民们为抵御奥斯曼人的进攻，加固、兴建了防御堡垒。从 1600 年起，五渔村逐渐走向衰退，直到拉斯佩齐亚兵工厂的修建，热那亚与拉斯佩齐亚之间兴建了铁路，才扭转了颓势。铁路使五渔村不再与世隔绝，使村内的人能更便利地去往大城市，也让外地游客更容易地来到这个魅力无穷的地方，为这几个曾贫困的小渔村带来繁荣与财富。

满山的葡萄园、彩色的房子和清澈的海水是五渔村最大的特色。

蒙特罗索——五渔村中唯一有真正沙滩的村

从拉斯佩齐亚坐火车，沿着海岸，不到半小时就能到达蒙特罗索火车站，这里的火车站不大，和中国的火

❖ 隧道一边是菲基纳海滩，一边是蒙特罗索

34

❖ **菲基纳海滩**
蒙特罗索的建筑与其他村庄的一样，有五彩斑斓的色彩，长长的菲基纳海滩更让这个小渔村看起来富有生命力。

车站相比，简直能用简陋来形容。火车站一半在山洞里，一半在山洞外，与大自然巧妙地结合在一起。出了火车站后，一边是利古里亚海，另一边穿过小隧道（山洞）就是蒙特罗索。

蒙特罗索是五渔村中最古老的村庄之一，也是唯一一个拥有真正沙滩的村，在火车站下面有两个被陡峭悬崖环抱的大海湾，海湾里的菲基纳海滩沙质比较粗糙，沙滩也偏窄，但是海水明净，波澜不惊，岸边各种设施齐备，是一个令人称道的优良海水浴场。

韦尔纳扎——五渔村中唯一没有海滩的渔村

从蒙特罗索乘火车前行十多分钟，就是五渔村的第二站——韦尔纳扎。它坐落于利古里亚海岸一个向外伸出的岬角上，是五渔村中最精致、最险要的一个小村，这里的海滩是礁石滩，上面到处都是鱼、虾、螃蟹、海胆和海星。

❖ **圣玛格丽特大教堂**
圣玛格丽特大教堂很小，位于海边的一座广场之上，它拥有一座40米高的八角形米黄色钟楼，从蘑菇形外表看，应该属于早期拜占庭风格的建筑。它是韦尔纳扎的标志性建筑。据说教堂从11世纪即开始建造，13世纪重建，之后一直在进行修缮。

❖ 由重重叠叠彩色房屋环抱的港湾

这个美轮美奂的港湾曾于 1080 年作为舰队基地，在抗击海盗的战斗中发挥了重要作用。1209 年，在热那亚征服利古里亚的战争中，这个港湾曾提供港口支持、保障后勤供给、输送兵员战力，在战争中起到了至关重要的作用。

❖ 多利亚城堡

多利亚城堡建于 11 世纪，位于防波堤一侧突兀而起的临海岩石上，起初它作为瞭望哨监视海上的情况，保护村民免受海盗的袭击，如今成为韦尔纳扎的标志性景点之一。

韦尔纳扎的主街——罗马街与火车站仅有几步之遥，石板路街道两旁是重重叠叠的彩色小房子，这些房子大部分都是一些专门为游客服务的商店，如酒吧、冰激凌店、工艺小店、纪念品商店和古董店等。它们都是用石头垒成的，一直蜿蜒到大海中，并将大海环抱成一个港湾，与港湾中的圣玛格丽特大教堂和崖边的多利亚城堡一起，构成一幅错落有致的中世纪小镇风景画。

科尔尼利亚——唯一可纵览 5 个村庄的地方

从韦尔纳扎乘火车经过高低起伏的山峦，就可到达科尔尼利亚火车站。科尔尼利亚被漫山遍野的葡萄园环绕着，海面在一面悬崖峭壁下忽隐忽现。从火车站出来，可选择免费

❖ 悬崖边的科尔尼利亚

这是五渔村中唯一一个靠近大海却无法直接进入大海的村庄。

的大巴或者徒步 382 级石阶去往小村。与五渔村中其他几个村庄不同，科尔尼利亚位于 100 米高的山崖上，村里没有泊船的港湾，更没有沙滩，是五渔村中唯一靠海却无法直接入海的小渔村。

科尔尼利亚与五渔村中其他几个村庄几乎一样，都有窄窄的小巷，在小巷中行走颇有"一线天"的感觉。村中的房子和小巷之间的落差很大，从一个小巷到另一个小巷常常有很多台阶。

❖ 圣玛利亚观景楼

❖ 科尔尼利亚窄窄的小巷

❖ **经典的马纳罗拉全景照**

彩色的建筑在意大利充足的阳光下更显明媚，一边是陡峭深邃的崖壁，一边是晶莹剔透的海水，衬托出神秘村落的宁静与美好。如诗如画的景色使马纳罗拉成为游客和广大摄影爱好者的最爱。

科尔尼利亚很小，但是地势却很高，从小村主街菲耶斯基穿过，两边是特色小店和旅店，街道的尽头是圣玛利亚观景楼，在这里的观景台上可以俯瞰大海，绝美的海景一览无余；也可以眺望远处的多彩村庄，这里是五渔村中唯一可以纵览5个村庄的地方。

马纳罗拉——五渔村中葡萄藤最多的一个村

从科尔尼利亚乘坐火车，翻越几个山坡，再穿越几个隧道，即可到达五渔村中最小的一个村庄——马纳罗拉。

科尔尼利亚很小，而且无法直接到达海边，所以相比五渔村的其他几个村庄，这里也更安静，在这里可以不被打扰地欣赏狭窄的巷道和色彩鲜艳的小楼房。

与科尔尼利亚相似，马纳罗拉也是一个建在陡峭悬崖上的小村，五彩缤纷的撞色小屋错落有致地位于青山与大海之间，形成了一道亮丽的风景线。这里没有出名的大教堂、城堡，也没有海滩浴场，但却是五渔村中最出名的一个村。因为这里的全景照，常常会被作为五渔村的代表风景刊登在媒体和网络上，使许多人因为这张照片而爱上五渔村。

在马纳罗拉还可以在葡萄园和梯田散步，观察悬崖边上颜色各异的楼房。这里还曾有古罗马人成功酿造葡萄酒的记载。

里奥马焦雷——五渔村中最大的一个村

里奥马焦雷是五渔村最南端的一个村，也是5个村子中面积最大的一个。据记载，小村源于公元8世纪，当时一些希腊逃犯为了逃避拜占庭帝国皇帝的追杀，在此避难，从而形成了一个村落。

从马纳罗拉可直接沿步道徒步到达里奥马焦雷，它是连通五渔村的步道中最短、最舒适、最容易的一段，只有1千米长，大约20分钟就可走完全程。步道沿海一侧的栏杆上挂满了同心锁，因此这条步道也被称作"爱之路"。步道的一侧是山崖，另一侧是村内的情人海滩。这个海滩很小，但是很私密，是情人约会休憩的好地方。情人海滩的一端是码头，沿岸五彩斑斓的建筑依山傍水且位于悬崖之上，成为蓝色海洋之上的五彩村庄，强烈的色彩对比，能让人心情瞬间愉悦起来。

❖ 里奥马焦雷美景

❖ "爱之路"

❖ 情人海滩

在五渔村，单单欣赏五颜六色的房屋就是一场视觉盛宴，而漫山遍野种植的葡萄、柠檬和橄榄的蓝色、绿色，缓缓地沿着海岸线融入地中海的蔚蓝海洋之中，使五渔村更加绚丽多彩。无论在哪个村子，找一座悬崖，躺着或者坐着，享受阳光洒在每一寸肌肤上，悠闲地看书、聊天、晒日光浴，都可以体会到慵懒的意式情调。

❖ 里奥马焦雷的码头

阿马尔菲

在魅力四射的阿马尔菲海岸线上散落着十多个小镇，每个小镇的建筑几乎都倚山面海，层层叠叠，直达山巅；每个小镇都远离都市，到处是壮观的悬崖、美丽的海景，宛若人间仙境，而阿马尔菲就是其中最有名的，这里不仅有美景，还是一个有故事的小镇。

阿马尔菲位于萨莱诺湾湾畔，距离那不勒斯东南约 38 千米，是意大利坎帕尼亚大区的一个镇，也是坎帕尼亚大主教教区所在地。

阿马尔菲是整个阿马尔菲海岸线正中央的交通枢纽，与所有意大利或其他欧洲国家的小城一样，它有漂亮宏伟的教堂、小巧精致的广场，镇中遍布各种餐厅、手工艺品和特产商店。

有历史的小镇

阿马尔菲建在一个深谷的谷口，被壮观的悬崖及海岸包围，不要小瞧这个镇，它可是一个有故事的历史名镇，其最

1073 年，来自西西里岛的诺曼人占领了阿马尔菲；1135 年，阿马尔菲又被比萨共和国吞并，但其强大的影响力依然持续。1343 年的一次大地震引发了海啸，阿马尔菲古城的大部分建筑和居民都被卷入海底，强大的阿马尔菲共和国再无昔日辉煌，只有其制定的《航海法典》一直使用到 1570 年。

❖ 阿马尔菲

早的历史可追溯到公元4世纪，公元8—17世纪，这里曾是阿马尔菲共和国的首都。当时，意大利半岛上并存着热那亚、威尼斯、比萨和阿马尔菲4个航海共和国，而阿马尔菲共和国是4个航海共和国中历史最早的国家。

在阿马尔菲共和国鼎盛时期，其向地中海彼岸大量贩卖葡萄酒、柠檬、木材、武器以及从巴尔干半岛贩来的白人奴

❖ 阿马尔菲入口

❖ 阿马尔菲柠檬酒

阿马尔菲盛产柠檬和柠檬制品，在众多地区的柠檬酒中，这个地区出品的被奉为经典。这里还有古老的造纸厂，被誉为阿马尔菲海岸的文化和历史传承标志之一。

❖ 阿马尔菲的海滩

❖ 阿马尔菲的海岸公路

阿马尔菲海岸全长约 37 千米，位于意大利南部的苏伦托半岛，西起波西塔诺小镇，东至维耶特利苏玛雷，它被联合国教科文组织视为"绝美而典型的地中海风光"，在 1997 年便已列入世界文化遗产，还被美国《国家地理》杂志评选为"人生必去的 50 个景点"之一。

公元 1000 年，阿马尔菲共和国在阿马尔菲公爵曼苏一世（966—1004 年）统治时，实力达到了顶峰。

隶，又将布料、地毯、纸张、咖啡、香料等贵重商品贩运回意大利，进而销往整个欧洲地区。阿马尔菲共和国因此很快富足了起来。

阿马尔菲共和国拥有 500 多年的独立自治权，时过境迁，如今阿马尔菲只是意大利坎帕尼亚大区的一个小镇，不过在阿马尔菲海岸沿线还能见到当时富有的贵族、商人留下的豪宅和别墅。

1262 年，阿马尔菲诞生了世界上第一部拥有 62 章、长达数万言的《航海法典》，如今原版法典存于佛罗伦萨博物馆。在阿马尔菲镇博物馆有两卷分别用意大利文和拉丁文书写的古版复制本。

阿马尔菲主教座堂旁边有一座天堂修道院，它是阿马尔菲历史上上层尊贵市民的墓穴。

❖ 阿马尔菲入口标志

❖ 阿马尔菲主教座堂

阿马尔菲主教座堂即圣安德烈亚大教堂，始建于公元9世纪中叶—10世纪初，后来经过两次重建。它融合了多种建筑风格。双色调的石造建筑大部分是西西里岛的阿拉伯—诺曼风格，内饰则采用了巴洛克风格。中庭庭院深深，四周是典型伊斯兰双叶装饰风格的回廊，寂静的环形回廊里有很多壁画和石棺，埋着阿马尔菲共和国昔日的王公贵族。

圣安德烈亚大教堂

阿马尔菲被壮观的悬崖及辽阔的大海包围，多彩的海岸建筑依山而建，形成阿马尔菲最独特的风景。

阿马尔菲是盛产柠檬的地方，因此，小镇的上空弥漫着清新的柠檬味。进入小镇，道路两旁的老房子开着各种商店，商店里随处可见大大小小、形态各异的新鲜柠檬以及柠檬制品，如柠檬酒、柠檬香皂、柠檬香水……穿过街道是一

❖ 阿马尔菲共和国

公元 850 年，阿马尔菲共和国成为意大利第一个
航海共和国。它的版图向西一直延伸到蓬塔坎帕
内拉（正对着卡普里），向东一直延伸到切塔拉。
由于阿马尔菲共和国政治上的自治，紧靠着伊特
鲁里亚海的地理优势，以及农业上的富庶，其发
展的速度十分惊人，从 9 世纪开始，这里就变成
了海上商业活动的重要中心。

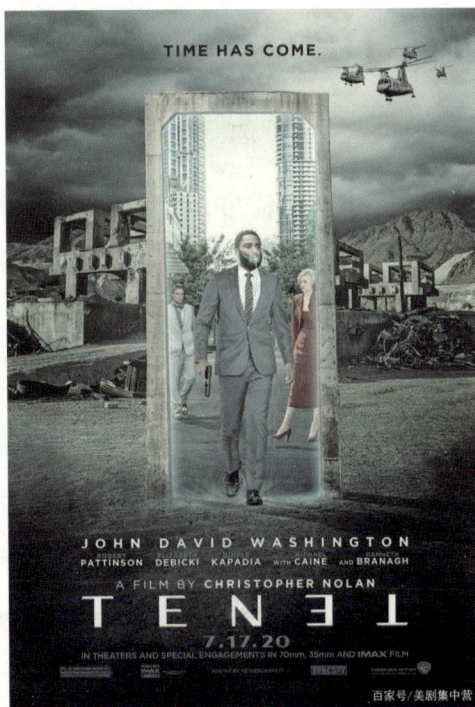

❖《信条》剧照

《信条》是美国华纳兄弟影片公司出品的动作惊悚
片，由克里斯托弗·诺兰执导。
该片讲述了一名特工在经过组织严密训练之后，被
派去执行一项重要的任务，最终在搭档的帮助下，
顺利完成任务并拯救了世界。

个小广场，广场上最醒目的就是阿马尔
菲主教座堂——圣安德烈亚大教堂，它
是当地的地标建筑，融合了阿拉伯、诺
曼、哥特式、文艺复兴、巴洛克等多种
风格，正立面前共有 62 级台阶，宛如通
往天堂的道路。其形象曾经出现在好莱坞大片《信条》中，
是当地最有名的打卡地。

圣安德烈亚大教堂背后隐藏着许多错综复杂、通往小镇
山崖与海滩的小巷，大部分小巷都是由石头台阶铺成，游历
在小巷之中，很容易就能让人感受到小镇独特的历史韵味和
怡然自得的纯朴魅力。

45

波西塔诺

20世纪50年代，诺贝尔文学奖得主作家约翰·斯坦贝克在游记《波西塔诺深深噬咬》中写道："它是一个梦乡，你在时，它不很真切；当你离开后，它变得栩栩如生。"

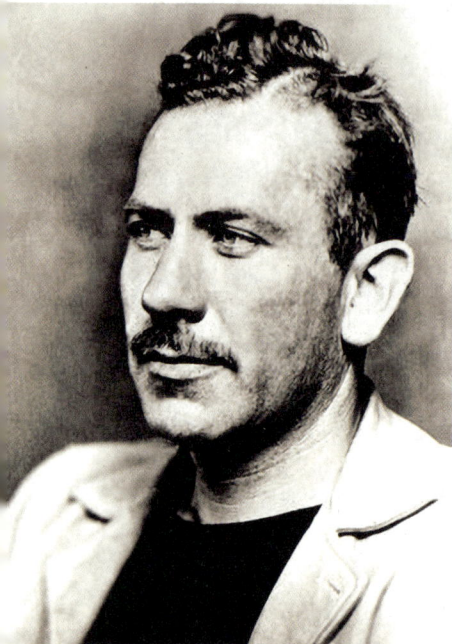

波西塔诺位于意大利坎帕尼亚大区的阿马尔菲海岸，城镇面朝地中海，五颜六色的房屋层层叠叠、错落有致地坐落在郁郁葱葱的山间悬崖之中，被誉为"地中海最美小镇"，也被美国《国家地理》杂志评为"人生必去的50个景点"之一。

意大利最美丽的风景

意大利的阿马尔菲海岸被誉为"欧洲最美丽的海岸"，其海岸线蜿蜒曲折，散落着许多如诗如画的小镇，而其中最漂亮的要数波西塔诺。

波西塔诺位于阿马尔菲海岸最西端，是上镜次数最多、消费最贵、最"网红"的小镇，网上有很多介绍阿马尔菲海岸的照片都拍摄于此。

波西塔诺是一个梦幻般的小镇，没有喧嚣，没有车水马龙，更看不见灯红酒绿，这里的人和事都是缓慢而精致的。它的美丽能抓住每一个过客的心，在他们心中留下深深的烙印。约翰·斯坦贝克在《波西塔诺深深噬咬》中的溢美之词，将波西塔诺推向了世人的眼中，许多社会名流慕名而来，在此流连忘返，并在起伏的山林之间盖起一幢幢或大气庄严、或秀美雅致的豪宅和别墅，这个曾经的古老渔村开始改变了，波西塔诺成了社会名流的后花园，与阿马尔菲一样堪称意大利最美丽的风景。

❖ 约翰·斯坦贝克

约翰·斯坦贝克（1902—1968年），20世纪美国作家。代表作品有《人鼠之间》《愤怒的葡萄》《月亮下去了》《伊甸之东》《烦恼的冬天》等。1962年凭借《人鼠之间》获得诺贝尔文学奖。

❖ 波西塔诺如画的小镇

总能期遇如仙境般的美景

　　社会名流的别墅和豪宅总是那么神秘，不是普通人能轻易拥有的美景，不过当地人的房屋——小镇最具特色的风景，是小镇美景的重要组成部分，这些房屋从山腰起层层叠叠，仿佛五颜六色的瀑布，倾泻在地中海的怀抱之中。房屋之间的街道曲径通幽，而且只能徒步，因为几乎所有的街道，都是由一级级的石头台阶组成，蜿蜒曲折。小镇的小路被戏称为"神仙路"，随着小路漫步在五颜六色的房屋、花丛、绿色植被之中，在不经意处总能邂逅如仙境般的美景。

❖ 弗拉维奥·吉奥亚

　　指南针是中国发明的，这是不争的事实，然而，波西塔诺镇、阿马尔菲海岸乃至整个意大利的人都认为指南针是他们发明的，在阿马尔菲海岸区几乎所有导游手册上都印有一句话："这里是指南针发明者弗拉维奥·吉奥亚的故乡。"在波西塔诺镇广场一座17世纪竖立的纪念碑上刻着："在您身后第六个世纪，我们以激情、感激与希望纪念您——弗拉维奥·吉奥亚，阿马尔菲的古老源泉，意大利的不朽荣耀。"

❖ 波西塔诺的石阶街道

❖ 圣母教堂

神选之地

波西塔诺最醒目的建筑就是圣母教堂，它也叫圣母升天教堂，沿着小镇石阶一直往下走便可以到达。整座教堂并不大，其金黄色的穹顶在阳光的照射下显得格外耀眼。

圣母教堂中有一座圣母雕像，是当地有名的景点。传说这座雕像是海盗从拜占庭帝国偷来的。海盗们在经过阿马尔菲海域时，突然，天空乌云密布，惊涛骇浪，海盗船随时都可能被巨浪吞噬，海盗们很紧张。这时从船舱内传出了叫喊

❖ 祖母绿洞
在波西塔诺海滩不远处有一个小型的蓝洞，洞中海水呈翡翠般的碧绿颜色，需要搭乘小船进入洞窟。

声"放我下去，放我下去"，海盗们循着声音寻找，发现原来是财宝堆中一尊铁制的圣母雕像发出的声音。为了免遭天谴，海盗们将圣母雕像放在了海岸上，这个神选之地就是波西塔诺，而波西塔诺这个名字也是由圣母雕像所言的"放我下去"演变而来。

波西塔诺海滩

　　沿着小镇的石阶通过圣母教堂门前的平台，在数十米之外的地方就是波西塔诺海滩。这片海滩位于海湾的凹处，被周边悬崖上的五彩房屋所包围，海滩上排列着彩色遮阳伞和沙滩椅；海滩边游艇遍布，海水清澈见底，点点白帆散落在海面上。波西塔诺海滩不是沙滩，而是焦黑的碎石滩，为蓝天碧海加上了一抹厚重的色彩，是明信片和画家的油画上最常出现的景色。

❖ 波西塔诺海滩上排列着的彩色遮阳伞

拉韦洛

法国作家安德烈·纪德曾这样评价拉韦洛："这是一个离蓝天比离大海还要近的地方。"美国作家戈尔·维达尔则称其为"世界上最美丽的风景"。

拉韦洛大约有 2500 名居民，是一个热门的旅游胜地。

拉韦洛曾经是阿马尔菲共和国的一个重要城镇，839—1200年是一个重要的贸易中心。1086—1603 年，拉韦洛曾经是主教驻地。

沿海而立的蘑菇形建筑是拉韦洛的网红打卡点之一。

❖ 拉韦洛美景

拉韦洛不仅是阿马尔菲海岸上的一颗明珠和意大利的一个热门旅游胜地，还曾是不少艺术家、音乐家和作家的旅行目的地。

富人的乐土

拉韦洛始建于公元 6 世纪，不过其真正繁荣起来还是在公元 1000 年左右，当时阿马尔菲共和国的一些反对派贵族，因拉韦洛易守难攻的战略地位和令人惊叹的美丽风景而选择在此定居，躲避政治迫害。

❖拉韦洛大教堂
著名的拉韦洛大教堂位于拉
韦洛镇中心。其始建于 1086
年，后来曾多次改造。

拉韦洛位于阿马尔菲镇北面的青山翠谷中，地处 350 米
高的偏僻山顶，距离波西塔诺很近。沿着波西塔诺海岸有一
条盘山公路，驾车绕着悬崖缓缓上行，在山林云海之间穿行，
不到半小时就能到达山顶处的拉韦洛。拉韦洛宛如一座宁静
安详的花园，拥有华丽的建筑，夜色下的华灯渲染着它的妩
媚，创造出难得一见的美景。它的名字被人文主义作家、诗
人薄伽丘描绘成富人的乐土，并写进其代表作《十日谈》中，
为世人所铭记。

1353 年，《十日谈》出版
后，立即被译成西欧各国文
字，它对 16、17 世纪西欧
现实主义文学产生过很大的
影响，开创了欧洲近代短篇
小说的先河。此后，一直到
16 世纪，意大利短篇小说
风行一时，短篇小说家都继
承了薄伽丘的创作传统，写
出当时资产阶级所喜爱的
接近现实而又复杂曲折的新
故事。

鲁福洛别墅

拉韦洛的一切都能让人感受到意大利深厚的文化积淀，
身处地中海美丽的风景中，呼吸的空气中夹杂着鲜花的香味，
不远处传来动听的小提琴声⋯⋯

每年 7 月，鲁福洛别墅都
会举办瓦格纳音乐节。该别
墅在悬崖边有个海景平台，
穿过平台就能看到拉韦洛的
标志性景点，即传说中的拉
韦洛之窗。

❖拉韦洛小巷
拉韦洛与波西塔诺一样，镇
内有很多小巷，由石阶延伸
到各处。

❖ 鲁福洛别墅一隅
从拉韦洛大教堂广场穿过去就到了鲁福洛别墅。

《帕西法尔》是瓦格纳的最后一部歌剧。1882年7月，《帕西法尔》在拜罗伊特首演。1883年2月13日，瓦格纳因突发心脏病去世。

辛波乃别墅主要由英国园艺家维塔·萨克维尔·韦斯特所设计，20世纪初由英国政治家欧内斯特·贝克特男爵改建。

　　1880年，著名音乐家理查德·瓦格纳对外宣称，他曾慕名到达拉韦洛，从鲁福洛别墅获得了许多创作灵感，谱写出了之前久久无法完成的歌剧《帕西法尔》中的魔法师克林索尔的花园部分。从1953年开始，这里每年都会举办瓦格纳音乐节，以纪念理查德·瓦格纳。拉韦洛也因此被誉为"音乐之城"。

　　鲁福洛别墅即是《十日谈》中故事主人公兰多尔福·鲁福洛的别墅，坐落在拉韦洛镇中心的大教堂广场前。它建于13世纪，居高临下，山下就是阿马尔菲海岸线上的波西塔诺，别墅由花园、塔楼、大厅、后院等组成，还有许多艳丽的花朵，充满了异国风情和艺术气息。这里曾经的座上宾都是王公贵族，许多诗人和作家都曾提及它的美丽。

鲁福洛别墅曾在19世纪时进行过一次大规模改建。

❖ 鲁福洛别墅装饰　　　　　　　　❖ 鲁福洛别墅

❖ 辛波乃别墅，《神奇女侠》的取景地

辛波乃别墅

　　辛波乃别墅位于拉韦洛沿地中海的峭壁之上，可俯瞰阿马尔菲海岸的美景，它有精致的花园建筑结构，位于拥有一片花海的花园之中，整个花园面积超过 7 公顷，到处都可以看见艺术雕像与花卉的完美结合，令人陶醉，被称为"意大利十大最美别墅"之一。

　　辛波乃别墅的历史可以追溯到公元 11 世纪，自 12 世纪起就成了当时贵族们的居住地，颇受各时代艺术家们的青睐。早期的建筑和花园的样子，已在 20 世纪英国政治家贝克特男爵的改建后变得更具规模。

辛波乃别墅现在作为酒店经营，但它能够观海的浪漫花园却免费向各地游客开放。

❖ 辛波乃别墅一隅

❖ 辛波乃别墅内的雕塑

春天万物复苏之际，整个花园会开出最让人难以想象的美丽花朵，将整个辛波乃别墅簇拥起来。它与维提米齐利亚的汉壁礼花园、伊斯基亚岛的拉莫塔里花园合称为19世纪末和20世纪初浪漫盎格鲁－撒克逊文化中最经典的代表作之一。

辛波乃别墅是电影《神奇女侠》的取景地之一，在这里可以感受影片中的崎岖山脉、触手可及的白云、近在眼前的大海，这些出现在电影中的场景让人陶醉！

拉韦洛早期的贵族以及豪门望族，包括鲁福洛家族在内基本都已经衰败，加上它地处偏僻，很多建筑被保留了下来，成了小镇的风景。相比于阿马尔菲海岸上的其他几个小镇，拉韦洛颇受各个时代艺术家们的青睐，不仅吸引了薄伽丘、瓦格纳，还吸引了弗吉尼亚·伍尔夫、戈尔·维达尔等文化名人在这里留下了足迹。

❖ 戈尔·维达尔

戈尔·维达尔（1925—2012年），美国作家，出身于纽约州西点显赫的政治家庭，涉笔小说、剧本、政论等多种题材，不拘一格，以讽刺幽默见长。拉韦洛曾被戈尔·维达尔当作故乡。

维克

维克的黑沙滩黑得凛冽，在星空下宛如鬼魅，满眼黑沙仿佛神的怒火燃烧后的遗迹，人们一旦踏入这个神秘之地，便会不可避免地陷入迷醉中。

维克位于冰岛的最南端，距离冰岛首都雷克雅未克东南187千米，大约有4小时的车程，是一个安静而祥和的小镇。

维克在冰岛语中是海湾的意思，冰岛有许多地方叫作"维克"，如雷克雅未克（维克）、凯夫拉维克、格林达维克、达尔维克等。

黑沙滩

维克是一个只有600多名居民的小镇，掰掰手指都能数清楚小镇里的几条街道。镇上除了山坡上的红顶教堂外，没有其他值得称道的风景。小镇后面是一望无际的大海，海边便是大名鼎鼎的黑沙滩。黑沙滩真的很黑，黑得深邃、通透，有种一尘不染的神秘感。这是维克乃至冰岛最受欢迎的拍照打卡地之一，也是"全球十大最美丽的海滩"之一。

站在红顶教堂的山坡上，可以使红顶教堂、维克镇中心以及黑沙滩上的海中礁石同框出现。

❖ 维克全景

❖ 黑沙滩
夜色下的黑沙滩更显神秘和恐怖。

❖ 雷尼德兰格海蚀柱

黑沙滩源于海底火山爆发

　　黑沙滩因远古时期的一次海底火山爆发而形成，熔岩与海底的泥层被翻出地面，高温岩浆遇海水后迅速冷却，经海风和海浪千万年的侵蚀，大西洋岸边的岩壁被岁月蚀刻成一个个多棱的、悬竖着的柱体，它们整齐、有序地排列着，看上去与风琴有几分相似，故被称为风琴岩峭壁；有部分玄武岩则变成了玄武岩颗粒，最后变成今天绵绵不绝的黑沙滩。这些黑沙颗粒没有杂质，也没有淤泥尘土，捧起一把，满手乌黑，轻轻一抖，黑沙四散，手上却纤尘不染。

　　还有部分玄武岩在大自然的精心雕刻下形成岩柱群——雷尼德兰格海蚀柱，矗立在海边，相传它们本是巨怪，被阳光照耀后凝固成巨石，从此矗立于海上被海浪冲刷，与风琴岩峭壁一起成为维克黑沙滩的一道打卡风景。

外星题材影片的取景点

黑沙滩是纯黑色的沙地，沙子有点儿粗糙，但近海的地方沙子非常细，色泽乌黑且晶莹透亮，白浪涌逐沙滩，黑白分明，形成强烈的反差。当狂风卷着暴雨排山倒海般扑向沙滩时，天地之间只剩一片茫茫的黑色和白色，仿佛世界末日，神秘又诱人，让每个看风景的人都觉得恐怖，这里也因此成为很多外星球题材影片的取景点。在黑沙滩美丽的背后又暗藏凶机，每年的旅游旺季，这里都有游客被海浪卷走，消失在一望无际的北大西洋中。在维克以及黑沙滩的醒目位置竖有游客警示牌，提醒人们千万不要靠近大海，以防不测。

维克除了有黑沙滩的神秘之美外，它与雷克雅未克之间由冰岛国家一号公路贯穿，沿途有火山、瀑布、河流、湖泊、冰川等，可以使人感受到大西洋的壮阔和渗到骨子里的浪漫，让人仿佛每一秒都置身于梦境中。

❖ 红顶教堂
红顶教堂是维克的地标性建筑。

黑沙滩上最神奇的风景是一座风琴岩峭壁，又被称作玄武岩石墙，形如人为刻凿和拼接的大块岩石，呈棱柱形排列成风琴状，耸立在海浪之中，令人惊叹不已。

❖ 风琴岩峭壁

胡萨维克

在冰岛有很多可以观鲸的地区，胡萨维克是其中最著名的、看到鲸的概率最大的地方，这里到处都有关于鲸的传说和文化。

胡萨维克是冰岛北部临斯乔尔万迪湾的一个美丽小镇，在雷克雅未克东北约48千米处，是冰岛第一个有人（挪威人）定居的地方。

鲸是小镇唯一的主题

胡萨维克是一个人口只有约2500人的小镇，是周围的小农场和养羊区的商贸市场和购物中心。不仅如此，小镇还有飞机场、渔港。

胡萨维克依山傍海，小船和木屋相互映衬，构成一幅多彩又舒心的油画。港口是小镇最热闹的地方，小镇中心是一座教堂，显得格外安详而宁静。

❖ 色彩斑斓的房屋

❖ 胡萨维克教堂

❖ 鲸鱼博物馆

❖ 胡萨维克处处都有鲸的设计

这里好似一个专门为鲸设计的小镇，无论是机场、渔港、街道、墙壁、地板都有关于鲸的设计：绘画、雕刻、各种手工艺术等，小镇的一切都围绕着鲸这个主题。

鲸鱼博物馆

胡萨维克的鲸元素无处不在，鲸鱼博物馆则是小镇最大的地标性建筑，从很远处就能看到鲸鱼博物馆外有巨幅的鲸招贴画。

胡萨维克鲸鱼博物馆是世界上为数不多的鲸博物馆之一。博物馆展厅内展示着不同的鲸骨架、鲸照片和鲸的故事介绍。有一具巨大的座头鲸骨架悬吊在展厅之中，其庞大的身体令人震撼，据说这是世界上唯一一具完整的座头鲸骨架。每头鲸死后都会沉入大

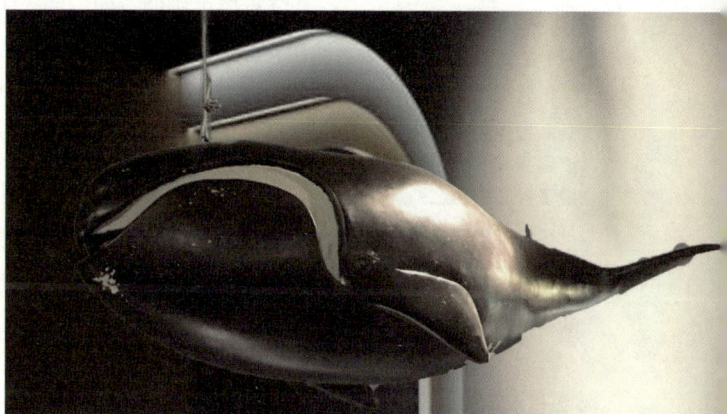

❖ 鲸鱼博物馆的鲸标本

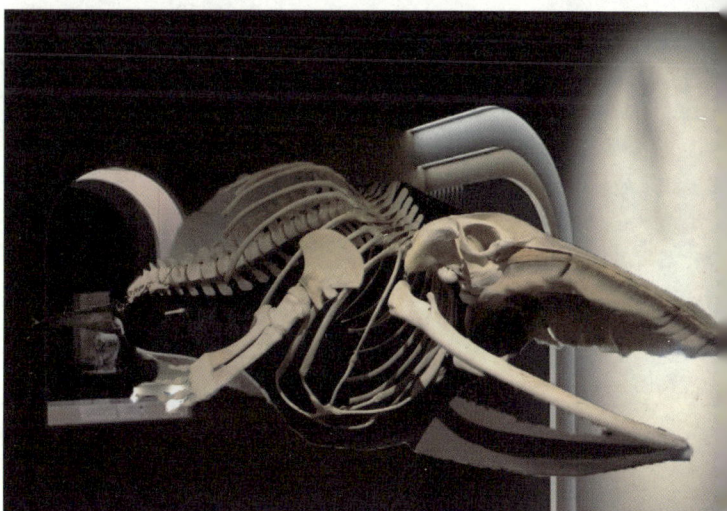

❖ 鲸鱼博物馆的鲸骨架

❖ 出海观鲸的码头

海，形成鲸落，哺育其他的海洋生物，有"一鲸落，万物生"的说法。

胡萨维克鲸鱼博物馆内除了与鲸相关的内容之外，还有各种海洋生物的展厅供游客欣赏，累了可以在咖啡店或图书馆中休息。

欧洲观鲸之都

胡萨维克所在的北冰洋海域的海湾中生活着大约 24 种鲸，最常见的有座头鲸、小须鲸、白色突吻海豚、鼠海豚等，是世界上公认的三大极佳观鲸地之一，观鲸成功率可高达 98%，因此被誉为"欧洲观鲸之都"。

胡萨维克最重要的旅游项目就是观鲸，而且去观鲸也很方便，小镇渔港内有很多观鲸船只，付费后船家就会载着你去北冰洋寻找鲸，即便不是观看鲸的季节，也无须担心看不到鲸，因为这些船家很有经验，能准确地找到最佳的观鲸点，甚至有机会近距离接近鲸。

胡萨维克还有一个私人的交通工具博物馆，馆内收藏了老馆主历经 30 年的藏品，这些藏品大部分出自冰岛本土。馆内有藏车 90 余辆，还有近百辆汽车露天存放。

❖ 跃出水面的鲸

费拉

圣托里尼岛是爱琴海中的一颗明珠，它的首府费拉更是一个童话般的梦幻小镇，在这里每走一步都是不同的风景，白房子群、蓝顶教堂、爱琴海……到处都是明信片般的画面。

费拉又称作锡拉，位于圣托里尼岛西部 400 米高的火山边缘，是该岛的首府，也是岛上最热闹的商业中心。电影《古墓丽影 2》曾在这里取景。

从远古时代开始，圣托里尼岛就有人类居住，而最早到达圣托里尼岛的是腓尼基人和多立安人，之后，这里就像其他希腊领土一样，成为罗马人、拜占庭人以及法兰克人的领地，1579 年岛屿的控制权落入奥斯曼人之手，直到 1912 年归希腊管辖，而作为首府的费拉见证了历史的一切。

圣托里尼岛虽然面积不大，却有 13 个村镇，每个村镇都依山傍海而建，房屋建在悬崖之上，没有完全相同的房屋，小镇弄巷曲折，每一处转角都有独到的惊喜，展现了希腊人创造性的智慧。

"圣托里尼"是 13 世纪时威尼斯人所命名的。

圣托里尼岛上没有溪流，因此水源短缺。岛上虽有海水淡化厂，但是，岛民依旧会收集降到房顶和天井的雨水，甚至会从其他地方进口淡水。

费拉给人的感觉特别像我国的古镇商业街，到处都是卖东西的，还有各种品牌商店，而且这里会说汉语的人也特别多。

❖ 费拉的蓝白色建筑

❖ 白顶教堂

费拉除了蓝顶教堂外，还有白顶教堂、粉色教堂和黄色教堂，就像童话世界一样多彩。

❖ 费拉的巴士站

圣托里尼岛是世界十大结婚胜地之首，这里的游客大部分都是前来度蜜月的新人，超级浪漫！

圣托里尼当地政府允许毛驴作为交通工具，还有完善的管理规范，违章停驴也会被处罚。

梦幻小镇

费拉是圣托里尼岛的中心小镇，也是圣托里尼岛的巴士中转站和岛上最热闹的小镇。不过整个镇规模很小，街道两旁是教堂、博物馆以及各式各样的商店。小镇房屋的墙全是白色的，屋顶是深蓝色的，沿着爱琴海的一面有无数的别墅、宾馆、咖啡店、酒吧、餐厅，与远处的天空、海洋浑然一体，就像是童话中描写的梦幻小镇一样。

圣托里尼有大大小小上千座蓝顶教堂，当然最多的还是在费拉和伊亚。

❖ 圣托里尼蓝顶教堂

❖ 费拉一隅

❖ 费拉史前博物馆内的展品

❖ 费拉史前博物馆

费拉的两个博物馆

费拉史前博物馆在镇子中心，位于公共汽车站附近，白色东正教费拉大教堂的东南角，修建在毁于 1956 年地震的教堂遗址上。费拉史前博物馆比其他建筑略高，博物馆收藏、展出了圣托里尼岛最早期人类的文物，其中最出名的就是阿科罗提利遗址出土的渔夫壁画和金色山羊雕像。

除了费拉史前博物馆之外，费拉还有一个圣托尼里考古博物馆。两个博物馆相距不远，圣托里尼考古博物馆大量展出了基克拉迪雕像和古希腊、古罗马风格的雕像，以及

史前时期指的是约 200 万年前到公元前 21 世纪这段时间。

❖ 渔夫壁画

❖ 金色山羊雕像

63

❖ 阿科罗提利遗址中的壁画

公元前约 1500 年，大规模的火山喷发将位于阿科罗提利的整座城市埋在了火山灰下，这反而起到了保护的作用，为现代考古学家留下了一笔"宝贵的财富"。

阿科罗提利遗址

这是一个古希腊克里特文明时期遗留下来的古迹，一度被学者认为是消失了的亚特兰蒂斯居民曾在此居住过的证据。在这里覆盖的火山灰下，发现了一个历史可追溯到前 16 世纪的建筑群遗址，遗址内的墙壁被分隔成许多个房间，房屋外侧还有复杂的水渠系统，由于被火山灰覆盖，完好地记录了 3000 多年前该岛居民的生活情景，具有很高的艺术水平，其中有《春之图》《少年拳击手》《渔夫》等作品真迹，如今被保存在雅典国立考古博物馆中。

❖ 阿科罗提利遗址

很多艺术珍品和价值连城的珠宝，其中也包括大量的阿科罗提利遗址出土的文物。

费拉的博物馆中展出的是圣托里尼岛的古代文明，博物馆外是蓝天、白云、大海融为一体的浪漫之城。这是一个既有浓重历史色彩，又充满轻松、浪漫气息的度假天堂。

伊亚

很多人是从照片中海上那一轮美轮美奂的日落开始认识圣托里尼岛的，而这个让人惊叹的自然美景正是伊亚的日落，因此有"不到伊亚就等于没来过圣托里尼岛"的说法。

伊亚位于海边的悬崖上，是圣托里尼岛的第二大镇，也是岛上耀眼的明珠，被公认为全世界最佳观赏落日的地方。

伊亚的白色房子有独特的希腊风情，其丰富多彩的石板路和石板台阶同样透着爱琴海的味道，与墙面严谨到一丝不苟的纯白色截然不同。

圣托里尼岛最美的公路

从圣托里尼岛的中心镇费拉，有一条公路可直达伊亚，可选择坐出租车、公交车或徒步，还可以选择当地最具特点的交通工具——毛驴，公路沿途一边是层层相连、高低错落的白色房屋，另一边是蔚蓝色的大海，这是圣托里尼岛上最美的风景线，几乎集中了整座岛屿的全部精华和迷人风景。

圣托里尼岛居民的祖先曾在火山岩上挖洞来作为容身之所，到了现代，这种石洞屋也沿用下来，成为这里的一大特色，想要亲身感受圣托里尼岛的浪漫，一定要在白色的石洞屋中住上一晚。

❖ 伊业美景

❖ 石洞屋

石洞屋是伊亚的典型建筑，利用自然留下的石洞进行改造，有着明亮的白色屋顶和蓝色窗户，这里也是看日落的人气景点。

❖ 伊亚镇内的艺术品店门口招牌

伊亚就好像北京的宋庄一样，是艺术家之村，许多小店里面的艺术品的艺术造诣都很高。这个店的招牌就是几个爬楼梯欲登天的人。

沿着伊亚主街一直走到尽头，可以看到当地的一个标志——大风车，大风车以前是用来磨粮食的，如今成为一家悬崖酒店，是当地的一处风景，据说也是不错的落日观赏点。

❖ 落日余晖：大风车

山顶石洞屋

伊亚的中央商业街拥有极具特色又精美的艺术品、工艺品、珠宝以及各种让人眼花缭乱的小东西，是游客购买纪念品的好去处。沿着石板路铺成的曲折小路走走，还能发现很多别致的景色。

不过，在伊亚最让游人感兴趣的是山顶石洞屋，这种被称为"鸟巢"的房屋，不再是原始的黄色穴洞，它们被当地人装修成白色门墙屋顶、蓝彩窗棂的房屋，门口或台阶上会摆上几盆红花，有鲜明的基克拉泽斯群岛的建筑风格。

❖ 伊亚落日后

最美的落日

伊亚被认为是全世界最佳观赏落日的地方，山顶拥有世界一流的别墅、悬崖酒店，每当太阳开始西斜，悬崖边白色房子的光影，开始随着阳光的变化而变化，成千上万的游客会自动聚集，在酒店的阳台上、岩石边、海边的教堂边，静静地欣赏着落日的余晖……

在太阳落下、余晖消失的那一瞬间，时间仿佛停滞，整个镇子突然变得宁静而安详。大家都被大自然的美景折服，所有人安静地送走夕阳的最后一抹余晖，然后会情不自禁地鼓掌。

伊亚的美难以言表，不是几张图片所能呈现的，只有身临其境才能获得更多的感受——那是一种无法用文字描述的感受。

如今，伊亚几乎是由豪华别墅、悬崖酒店组成的，每座悬崖酒店都具有自己独特的景观和理念，但在整体上又非常协调和高雅，让人感叹伊亚不愧是世界最美的海岛小镇之一，也许没有之一。

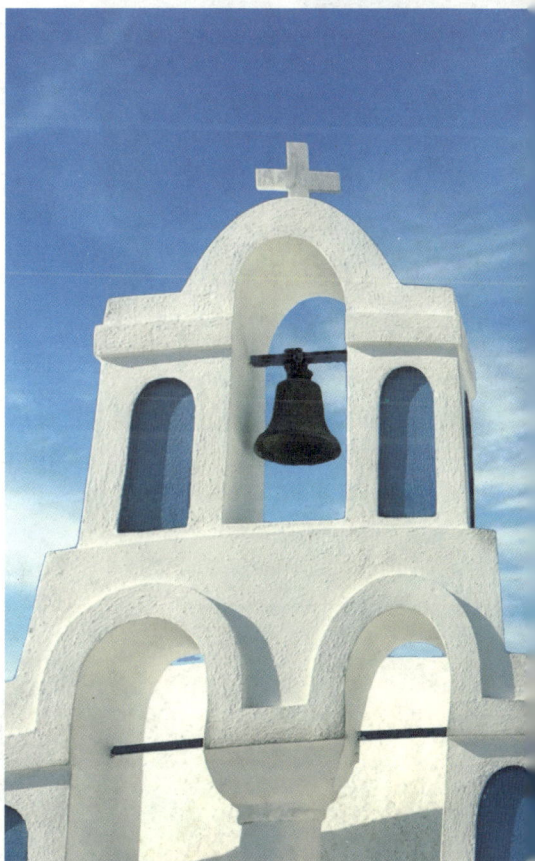

❖ 伊亚教堂前的钟楼

卡马里

通 往 精 灵 魔 都 之 门

卡马里拥有迷人的海滩风情，人们可以在这里肆无忌惮地欣赏湛蓝的海天，呼吸新鲜的空气，享受惬意的时光，让自己的心沉醉在美景中。

卡马里位于希腊圣托里尼岛东部，这里曾经是罗马帝国的海军要塞，如今却成了在圣托里尼岛享受爱琴海风情最主要、最热门的去处之一。

浪漫的不夜城

卡马里曾经是一个以农业和捕鱼业为主要产业的小镇。20世纪中期的一场大地震，毁掉了卡马里及圣托里尼岛上的一切，也改变了这里人们的生活方式，卡马里利用海边的一处长方形黑沙滩大力发展旅游业。

卡马里在黑沙滩方圆500米内修建了几十家旅馆，从最高档的五星级酒店到民舍都有，黑沙滩周围还有商场、餐厅、咖啡吧、酒吧、纪念品店、运动用品店等。日落后的黑沙滩热闹非凡，路边的餐馆散发出诱人的烤鱼味，酒吧里传来劲爆的音乐，让人仿佛置身于一座浪漫的不夜城。和"贫瘠"的圣托里尼岛的红沙滩比起来，这里一片繁荣景象。

❖ 蓝白色的房屋
卡马里与圣托里尼岛的其他地方一样，整个小镇都以蓝白色的小房子为主。

❖ 黑色鹅卵石沙滩

❖ 看起来连水都是黑色的

黑沙滩

　　卡马里黑沙滩，顾名思义，特色是"黑"。圣托里尼岛的火山喷发后，比较重的熔浆冷却形成了黑色的火山石，经长期的海水打磨和风化，形成了无数大小不一的黑色鹅卵石，偶尔有些许白色和红色的石头掺杂其中。

　　卡马里不仅沙滩是黑色的，看起来连海水都是黑色的，黑得那么清澈、干净，给人一种沁入心扉的清凉感。

圣托里尼岛古名为希拉，后来为了纪念圣·爱莲而改名圣托里尼，它是由一群火山组成的岛环，圣托里尼岛环上最大的一座岛就是圣托里尼岛。

鹅卵石和海水有特色功效

　　卡马里黑沙滩上的鹅卵石和海水不仅黑得纯粹，行走在小鹅卵石沙滩上，让人有一种做脚底按摩般的舒服感。在太阳暴晒后，光着脚丫踩在沙滩上，更会有"痛并快乐着"的奇妙之感。

　　如果膝盖或其他关节部位等不舒服，可以拿几块鹅卵石放在疼痛部位，也可以躺在黑

❖ 卡马里黑沙滩

沙滩上晒日光浴，或者干脆将身体浸泡在海水中，据说这里的鹅卵石和海水不仅有美容作用，还有缓解关节炎，治疗风湿、皮肤病等效果。

❖ 卡马里黑沙滩上一处跳水悬崖

拥有爱琴海所有的风情

卡马里拥有爱琴海所有的风情，这里的海水清澈，非常适合游泳；平整的沙滩黝黑油亮，狭长的沙滩上竖着密密麻麻的稻草太阳伞，供游人休息时使用；很多人更喜欢戴着目镜，在烈日下直接趴着或躺在鹅卵石上，一动不动地享受烈日的烘烤。

随着太阳西移，日近黄昏，沙滩上的人会越来越少，沙滩也会变得安静起来，大部分人会去沙滩边的酒吧或饭店享受圣托里尼式的夜生活，还有些人会一直躺在沙滩上，静待日落，细数满天星辰，期待流星的出现。

卡马里的夜晚在黑沙滩的映衬下，好似开启了一道通往精灵魔都之门，显得格外的诱人。这里的海和天既像有边界，又像浑然一体，所有对它的赞美都显得那么苍白、多余。

圣托里尼曾是 3500 年前火山爆发最活跃的板块之一。

圣托里尼岛上的黑沙滩有很多处，比较有名的黑沙滩有卡马里和佩里萨两处。

❖ 沙滩上的稻草太阳伞

卡斯特罗

最 受 钟 爱 的 蜜 月 胜 地

在希腊莫奈姆瓦夏海边有一座岩石山离岛，在岩石下方隐藏了一个名叫卡斯特罗的古镇，整个小镇原始古朴，只有一条窄窄的小道通往大陆，这个隐世之地被希腊人称为"最受钟爱的蜜月胜地"。

莫奈姆瓦夏位于伯罗奔尼撒半岛的东南端，是希腊拉科尼亚州的一个城市，卡斯特罗属于莫奈姆瓦夏城的老城区，建在一座高 300 米、全长 1.8 千米的海岛之上，更准确地说是一座巨大悬崖上，整个小镇好像雕刻在岩壁之间，与世隔绝，只有一个出口通往陆地，莫奈姆瓦夏也因此而得名，它在希腊语中就是"一个出口"的意思。

13—14 世纪是莫奈姆瓦夏的黄金时代，当时的卡斯特罗有 8000 多名居民，是拜占庭帝国的行政、宗教和金融中心，拜占庭帝国皇帝有时都住在卡斯特罗上城的古堡中。

新城和老城

莫奈姆瓦夏有 1400 多名居民，大部分住在格菲拉新城，而卡斯特罗的常住人口只有 20 人，最少的时候只有 8 人。

莫奈姆瓦夏当地最有名的酒是马尔瓦西亚葡萄酒，它用红、白两种葡萄酿制，味道甜美，是皇室与贵族餐桌上的佳酿，莎士比亚在《理查三世》中也曾提及。奥斯曼人占领这里后禁止生产，酿酒古法已经失传。

❖ 卡斯特罗的小教堂

❖ 卡斯特罗

❖ 新、老城之间由一座大桥相连

在最繁荣时期，卡斯特罗兴建了40多座教堂，后来在奥斯曼帝国统治时期，不少教堂被奥斯曼人毁掉或改成了清真寺。即便如此，在如今的古镇仍然可以不经意间就能邂逅教堂。

新城格菲拉和卡斯特罗之间有一座130米长的大桥和海堤相连。卡斯特罗的入口处有一座威尼斯风格的城门，城门外是格菲拉，城门内是卡斯特罗。

莫奈姆瓦夏扼守着地中海和黑海，早在公元8000年前就有人类在这座岩石岛上居住，公元6世纪，拜占庭人在岩石离岛这个弹丸之地上建立了卡斯特罗。

❖ 卡斯特罗的入口处

❖ 卡斯特罗的老房子

❖ 卡斯特罗风景

据说来莫奈姆瓦夏的希腊游客中 90% 都是情侣、新婚夫妇，他们喜欢在古老的历史遗址拍婚纱照，在岛上度蜜月。

上城和下城

卡斯特罗又分为上城和下城，下城在岩石脚下，多是平民居住区，小道上的鹅卵石被几千年的时光打磨得发亮，两旁有各种商店和铁匠铺等。在拜占庭帝国时期，这里最多的时候有 800 多间房屋，如今大多被修缮成了旅馆、小饭店、咖啡馆、纪念品小店等。

沿着崎岖的鹅卵石小道一直往山顶而去，虽说只有 200 米高，却非常耗费体力，到达山顶还要经过一道城门才能进入上城。上城建在悬崖绝壁之上，有"一夫当关、万夫莫开"的气势，据记载，上城在战乱时代曾保持了 40 年不败的纪录，因此有"不可能被攻破的城"之称。

据传说，当年法兰克人曾经出动大军围困卡斯特罗的上城整整 3 年，双方打得筋疲力尽，直到城堡内弹尽粮绝，才勉强进行了和谈。

❖ 卡斯特罗上城

❖ 卡斯特罗部分未被修复的废墟

1911 年，最后一位居民离开后，卡斯特罗就被废弃了，只留下一些小屋和一座建于 13 世纪的美丽教堂。

位于上城的圣索菲亚教堂建于 12 世纪，是一座四方形的拜占庭式建筑，被认为是伊斯坦布尔圣索菲亚大教堂的缩小版。它是卡斯特罗的世界遗产之一。曾经被改成清真寺、天主教修道院等。

❖ 位于上城的圣索菲亚教堂

卡斯特罗曾经是一个重要港口和军事要塞，经历了西班牙人、法兰克人、拜占庭人、威尼斯人和奥斯曼人轮番征战后逐渐衰败，现在成为一个旅游胜地，颇受喜爱古迹的游客青睐，小镇中的古堡、鹅卵石小道、教堂、海滩、咖啡馆等让它成为许多年轻人心目中的爱琴海浪漫之地，因而有"最受钟爱的蜜月胜地"之称。

米克诺斯镇

米克诺斯镇以天堂海滩和风车而闻名于世，时涨时落的海水、小而精美的海滩、引人入胜的小巷和海边洁白的房子，都让它有一种特殊的美。

米克诺斯岛位于地中海沿岸，大约在雅典东南方200千米处，全岛主要由花岗岩构成，海拔364米，是组成基克拉泽斯群岛的岛屿之一。它四面环海，风景宜人，被西方游客称为"最接近天堂的小岛"。希腊神话中说，米克诺斯岛是由被大力神赫拉克勒斯杀死的提坦巨人克洛诺斯破碎的身体形成的。

米克诺斯岛每年的最佳游玩时间是4—10月，期间不仅可以领略独具风情的海岛风光，感受浪花飞舞，还可以漫步在葱郁山林中，静静地感受大自然的美妙。

米克诺斯岛传说

在古老的希腊神话中，米克诺斯岛是宙斯和提坦族发生战斗的地方。

克洛诺斯是天神乌拉诺斯和大地女神盖亚所生的最小的儿子，是提坦十二神中最年轻的一个，后来推翻了他父亲乌拉诺斯，成为第二个统治全宇宙的天神。克洛诺斯担心他的孩子也会和他一样弑父，抢夺天神之位，于是，子女一出生，就被克洛诺斯吞进肚里，只有宙斯幸免。

宙斯成年以后，逼迫父亲克洛诺斯吐出了被吞进肚子的众兄弟，成为奥林匹斯神族的首领，并率领兄弟与以克洛诺斯为首的提坦神族作战，这就是有名的"提坦之战"，双方厮杀整整10年而未分胜负，直到宙斯释放被关押的独目神和百臂神。

在独目神和百臂神的帮助下，奥林匹斯神族取得了最终的胜利，克洛诺斯被宙斯的儿子大力神赫拉克勒斯斩杀，提坦巨人克洛诺斯的骸骨落在爱琴海中，形成了米克诺斯岛。

赫拉克勒斯是宙斯的儿子，天生力大无穷，是古希腊神话中最伟大的英雄。

❖ 赫拉克勒斯

提坦又称为提坦巨人、泰坦、泰坦巨人，是希腊神话中天神乌拉诺斯和大地女神盖亚的子女，是曾统治世界的古老神族。他们在克洛诺斯的带领下夺取了天神乌拉诺斯的权力，后来，又被以克洛诺斯的儿子宙斯为首的奥林匹斯神族取代。

❖ 克洛诺斯

帕拉波尔提亚尼教堂由 5 座独立的
礼拜堂组合而成，最高的那一座建
于 1425 年，其他的都是 16—17 世
纪兴建的，如今是米克诺斯岛的标
志，为拜占庭风格，是纯白色教
堂，它是米克诺斯岛上 365 座教堂
中最具盛名的一座，人们亲切地称
其为棉花糖教堂或冰激凌教堂，因
为它的外表像一团棉花或一个融化
的冰激凌。

八阵图一般的米克诺斯镇

考古学家发现大约在公元前 11 世纪，古希腊人已经在
米克诺斯岛上生活。根据最近的发现，岛上有人类居住的历
史甚至可以追溯到公元前 3000 年的新石器时代。

米克诺斯岛上的小镇叫米克诺斯镇，小镇中有各种中世
纪建筑和防御工事，街道十分狭窄，蜿蜒曲折，村庄错综复
杂，如同迷宫一般。这里的房子大多是蓝白色的，门窗、阳
台都是红、黄、蓝、绿五彩斑斓的色调，两者形成鲜明的对
比，别具一格。

❖米克诺斯镇迷宫般的小路

米克诺斯镇如同诸葛
亮的八阵图一般，即便是
手拿地图比对着，也很容
易迷失方向。

据说，在米克诺斯镇
狭窄的街道中还散布着 365
座家族式的小教堂。窄巷、
小白屋、多彩的门窗、小
教堂，便是米克诺斯镇的
代名词。

❖ 5 座基克拉泽斯式风车

有 500 多年历史的风车

米克诺斯岛的半山腰有 5 座基克拉泽斯式风车，建于 16 世纪，有 500 多年的历史了。风车的屋顶用茅草覆盖着，原来是用来碾碎谷物的，随着科技的发展，早已失去了实用价值，已停止使用。这 5 座风车现在化身为独具米克诺斯风情的地标，成为摄影爱好者的最爱，不管是午后斜阳照出的美丽光影，还是日落后随风车升起的暖黄灯光，都是令人陶醉的绝佳摄影题材。这里还可以俯瞰米克诺斯岛的美景，爱琴海上的海鸥以及岛上独具特色的白屋尽收眼底。

爱琴海的海岸线非常曲折，港湾众多，共有大小约 2500 座岛屿。爱琴海中的岛屿大部分属于西岸的希腊，一小部分属于东岸的土耳其。

❖ 天堂海滩

小威尼斯除了有欣赏米克诺斯岛绝美夕阳的地理优势外，还可以随性点上一杯小威尼斯特调的鸡尾酒和海鲜料理，在夜幕中欣赏海天一色及沿岸灯火通明的璀璨景色。

在米克诺斯岛，可在专业的潜水机构教练陪同下进行潜水活动，即使没有潜水经验也不用担心。在米克诺斯岛的东南方水下25米处有一艘"安娜二世"号沉船，该船是一艘长62米的货船，已经完全和海洋融为一体，成为珊瑚和各种鱼类的大本营，适合潜入内部探索。

❖ 探索"安娜二世"号沉船

全岛最美丽的角落

在米克诺斯镇的尽头有几排建在海岸边岩石上的小房子，涨潮时，海水几乎浸没了房子的基石，这些朝着大海而建的房子源于16—17世纪，当时这片海域海盗活动猖獗，为了将货物快速装船，人们建造了这片海边建筑，以便船只能快速靠岸装卸货物，它们因类似威尼斯的水城建筑而被称为"小威尼斯"，如今这些靠海的房子大多成为餐厅或咖啡馆，是全岛最美丽的角落。

天堂海滩：世界十大海滩之一

米克诺斯岛的天堂海滩名列"世界十大海滩"之一，这里的各种海边设施俱全，露天酒吧、开放式餐厅、露营地、寄物柜、租车服务、淋浴房、更衣室、厕所及往返天堂海滩的公交车应有尽有，俨然像一个小型度假中心。每到夏天，

这里的游客数量就会激增，它是米克诺斯岛上最受欢迎的海滩，也是世界知名的天体海滩。因为游客众多，这里如今没有那么多裸体日光浴者，他们去了另外一个不远处的私密海滩——超级天堂海滩，无拘无束地享受着"天体浴"，这里不许随便拍照，否则很容易被揍。

很多人说在米克诺斯岛睡觉实在是一种浪费，因为它的活力是无穷的，就像奔流不息的血液，这里的夜晚热情四溢。

鹈鹕佩德罗

如果运气好，当你在米克诺斯镇的海边餐厅或咖啡店享受美食的时候，会邂逅几只大鸟，它们会悠闲地溜达到你的餐桌旁，很优雅地叼起你的食物，可爱而放肆地摇摇头而去……这就是当地的吉祥物鹈鹕。

相传，1954年，米克诺斯岛经历了一场大风暴，海岛很多地方都成了废墟，这时飞来了一只鹈鹕在岛上安家，陪伴岛民重建家园，岛民为它取名佩德罗，从此鹈鹕成为这里的吉祥物，原来的鹈鹕佩德罗早已老死，岛民对它怀念不已，于是佩德罗的孩子佩德罗二世、三世……成为米克诺斯岛新的吉祥物，传奇一直延续了下来。

米克诺斯镇将优雅、精致的气息发挥到了极致，这里既时尚迷人，又悠闲自在。爱琴海的蓝天、白色的小屋、优质的海滩和平缓的山崖，让米克诺斯镇仿佛镀上了一层迷幻色彩，被誉为"爱琴海上的白宝石""爱琴海上璀璨的明珠"等。

❖ 鹈鹕佩德罗

如今，鹈鹕们常在镇上漫步，或干脆堵在餐馆门口，在被好心人喂饱之后才心安理得地离去。

博德鲁姆

充 满 艺 术 气 息 的 小 镇

博德鲁姆是一个充满艺术气息的小镇，雄伟的城堡、波光粼粼的码头、鲜花盛开的咖啡馆和整洁的小巷，到处都洋溢着独特的气息。

❖ **小城内充满艺术气息的指示牌**

博德鲁姆的物价很低，商业气息也不重，没有到处促销的牌子，更没有大声呼喊招揽客人的店员，有的只是美景与实惠。

❖ **博德鲁姆湾**

博德鲁姆位于土耳其博德鲁姆半岛的南部海岸，处在爱琴海与地中海的分界线上，是地中海入口处博德鲁姆湾上的一座小城。

充满艺术气息

博德鲁姆是爱琴海边一个特别靠近希腊的小镇，因此这里的建筑有很强烈的希腊风格，几乎每栋房屋都朝向海湾，而且几乎都有观景阳台，每一条小巷的尽头都是同一个海湾、同一片大海。

博德鲁姆曾是一个避世一隅的小渔村，也是希腊"历史之父"希罗多德的出生地，而让这个小渔村被世人所熟知的是 20 世纪 20 年代土耳其的作家和历史学家介瓦特·沙基尔·卡巴阿阿赤勒（也被称为哈利卡那索斯渔夫）。他因异

见被流放至此，却很快爱上了这里，他在自己的文章中称这里为艺术沙龙，影响了整整一代土耳其的知识分子、作家和艺术家，吸引他们纷至沓来，让这个小渔村变成了富有浓郁艺术气息的小镇，小镇海边的广场上至今还有他的塑像。

在这些艺术家的影响之下，博德鲁姆形成一种昼静夜欢的生活方式。每当夜幕降临，博德鲁姆就开始变得热闹起来，餐厅、酒吧、夜总会、迪厅等任何一个地方都能让人狂欢到天亮。

❖ 博德鲁姆城堡

摩索拉斯陵墓

公元前 370 年左右，博德鲁姆名为哈利卡那索斯，是当时波斯帝国卡里亚地区的首府，摩索拉斯是当地的总督，他在此地修建了城墙、公共建筑、造船厂和运河等。公元前 353 年摩索拉斯逝世，他的遗孀为纪念他而建造了一座高达 45 米、外墙壁雕刻花纹的白色大理石陵墓，称为摩索拉斯陵墓，被认为是古代世界七大奇迹之一，今日英语中"陵墓"（mausoleum）一词即源自摩索拉斯的名字。

❖ 白色的麦当劳

博德鲁姆到处都是白色的房子，就连红色主调的麦当劳也不得不入乡随俗，店铺外面是白色主调的外墙，这是很少见的。

大理石雕成的亚马逊族女战士的浮雕，如今保存在大英博物馆。
❖ 亚马逊族女战士的浮雕

❖ 摩索拉斯陵墓辉煌的样子

❖ 摩索拉斯陵墓遗址

摩索拉斯陵墓毁于 3 世纪时的一次地震，古代作家常说摩索拉斯陵墓像银白色的云团高悬在城市上空。15 世纪初，十字军为了在博德鲁姆湾建造圣彼得解放者城堡，将陵墓的石材及陵墓内外的装饰都拆了下来，作为建筑材料，使摩索拉斯陵墓的地上部分全部消失。

博德鲁姆城堡（古堡）

圣彼得解放者城堡即是如今耸立在博德鲁姆湾入口处的博德鲁姆城堡（古堡），是 15 世纪十字军东征时期的典型建筑，目前该城堡（包括周围的 5 座塔楼）已全部被改造成了博德鲁姆水下考古博物馆。

博德鲁姆城堡是小镇厚重历史的象征，它孤单地伫立在爱琴海的蔚蓝海湾之中，与它做伴的是各式各样价值不菲的游艇。登上博德鲁姆城堡，可俯瞰整个博德鲁姆湾，也可远眺沿海湾而建的博德鲁姆，景色宜人。

❖ 博德鲁姆城堡斑驳的城墙

索波特

　　索波特是一个气质独特的海边小镇，既繁华又清冷，既多彩又充满原生态，如同一位傲娇的美人，充满了诱人的魅力。

　　索波特是一个位于波罗的海南岸、波兰北部格但斯克湾内的海滨城镇，它与格但斯克、格丁尼亚组成的三联市名列波兰第四大都会区。索波特与瑞典隔海相望，是波兰最大、最出名的度假胜地。

索波特的历史

　　索波特、格但斯克、格丁尼亚的面积都不大，在 10 世纪左右形成一个个小渔村，村民们一直过着安逸的生活。唯独

索波特灯塔曾是波罗的海南部海上船舶的导航灯塔，如今已经不具备导航功能，成为一个旅游景点。

❖ 索波特灯塔

索波特博物馆靠近索波特海边，里面有大量关于索波特的历史展品，以及被德国占领后小镇被称为 "Zoppot" 的历史记录。

❖ 索波特博物馆

格但斯克没那么幸运，自从 1308 年被条顿骑士团征服后，就成为一座重要的港城，因为它位于维斯瓦河的入海口，是波兰最理想的出海口，同时也是连接东普鲁士地区和德国大部分领土的咽喉要地，被德国和波兰反复争夺。后来，格但斯克被列为国际管理的自由市，波兰失去了出海口，于是就将格但斯克北面的索波特和格丁尼亚打造成了海港。

索波特就是流动的泉水

索波特这个名字来自古老的斯拉夫语，意思是"流动的泉水"。早在索波特还是一个渔村的时候，这里的温泉就被附近村镇的居民喜爱。16 世纪初，索波特的温泉开发已经非常完善，以至于格但斯克的贵族纷纷来到索波特建立自己的温泉庄园。20 世纪初，在被德国统治时期，德皇威廉二世经常带着家人、大臣来此泡温泉。如今，索波特的温泉更是远近闻名，波兰及其周边的游客纷纷慕名而来。

❖ 威廉二世

威廉二世（1859—1941 年），末代德意志皇帝和普鲁士国王以及霍亨索伦家族首领，1941 年在荷兰的多伦病逝，被葬于多伦庄园。

❖ 当地有名的五星级大酒店

欧洲最长的木栈桥

　　索波特有一个有名的栈桥码头，码头上有一座长达650米、有白色扶手的木栈桥，它不仅是波兰，也是全欧洲最长的木栈桥。木栈桥建于1827年，百年后又进行了扩建，才有了如今的规模，栈桥码头从索波特海滩中部笔直地插入大海，非常壮观。

　　栈桥码头是当地有名的游乐码头，既是世界帆船锦标赛的重要一站，也是每年举办铁人三项赛的重要地点。木栈桥靠海的部分是游船码头和餐厅，桥下两边是美丽的海滩，栈桥四周经常会举办各种文化活动等。

　　游客既可以在美丽、干净的海滩上静静地观景或肆意戏水，也可以在酒吧浅酌啤酒，或在咖啡店品尝咖啡，或约三五好友一起户外烧烤；还可以迎着海风在木栈桥上漫步，欣赏波罗的海的美丽日出和日落。

　　蒙特卡西诺英雄街是为了纪念蒙特卡西诺战役而得名的，1944年，由波兰战士组成的海外军团攻克了纳粹德国占领的蒙特卡西诺。

　　传奇熊Wojtek曾参与此战，战争中Wojtek曾英勇地为炮兵运送炮弹，因而成为传奇，战后，波兰第22炮兵连将Wojtek抱着炮弹的形象指定为正式徽章。

❖ 炮弹熊徽章

扭曲的房子

　　在索波特的蒙特卡西诺英雄街（53 号）中部有一座奇特的房子，非常值得一看，这是一座扭曲的房子，被评为"世界十大奇特建筑"之一。

　　"扭曲的房子"又名扭扭屋，是由一家波兰公司设计的，设计灵感来自瑞典画家达赫伯格的作品，同时借鉴了波兰画家闪采尔的童话插图和西班牙设计大师高迪创作的建筑作品等。"扭曲的房子"在 2003 年面世，楼身呈扭曲的褶皱形，就像一座喝醉酒后醉态可掬的卡通房子，当年就获得了商业中心建筑年度奖。如今，"扭曲的房子"是一家生意兴隆的购物中心的附属建筑，已成为当地的著名旅游景点。

"扭曲的房子"共有 3 层和一个阁楼。一层有快餐店、咖啡厅和游戏厅；二层除了旅游纪念品店外，还有一个带电动舞台的餐厅，在这里经常举行音乐会；三层和阁楼是办公室和一个开放式大画廊。

❖ 扭曲的房子

帕拉蒂

最 "懒" 的 小 镇

帕拉蒂是一个拥有浓浓历史记忆的小镇，环抱着海湾，宁静而脱俗，是巴西一个有名的文化旅游胜地，也是电影《暮光之城》中贝拉和爱德华在巴西度蜜月的地方。

在巴西里约热内卢和圣保罗州交界处有一个精致的小海湾——帕拉蒂湾，帕拉蒂镇就位于此。

"黄金之路" 的起点之一

帕拉蒂湾是巴西被葡萄牙殖民时期最重要的港口之一，也是向欧洲运送矿产的"黄金之路"的起点之一。

1696 年，葡萄牙殖民者在帕拉蒂湾不远处发现了金矿，为了开采金矿，大量的非洲奴隶被带到了帕拉蒂湾，帕拉蒂湾变得繁华了起来，逐渐形成了一个小镇。为了让工人能够专心采矿，葡萄牙人大规模扩建了帕拉蒂。在长达百年的时间里，人们沿着海岸兴建起一座座民宅、教堂，并把葡萄牙的文化引入小镇。18 世纪末期，金矿被挖完后，帕拉蒂回归宁静。如今，帕拉蒂不仅有葡萄牙殖民时期修建的鹅卵石街道、教堂、木头建筑，还有色彩鲜艳的住宅、各式各样的艺术画廊、手工艺品小店、餐厅和咖啡馆，颇具滨海城镇风格。

❖ 意大利航海家亚美利哥

1500 年 7 月，亚美利哥发现了南美洲东北约 1200 千米长的海岸线，亚美利哥航行到今天的帕拉蒂海湾时，在航海日志中写道："哦，上帝啊，如果这世上有天堂的话，它一定就在离这儿不远的地方！"
1507 年，瓦尔泽缪斯在他绘制的世界地图上将南美洲地区标明为"亚美利加"。1538 年，墨卡托在他的世界地图中将整个美洲地区标明为"亚美利加地区"。16 世纪后期始，许多地图、地球仪、地理书将美洲命名为亚美利加洲。

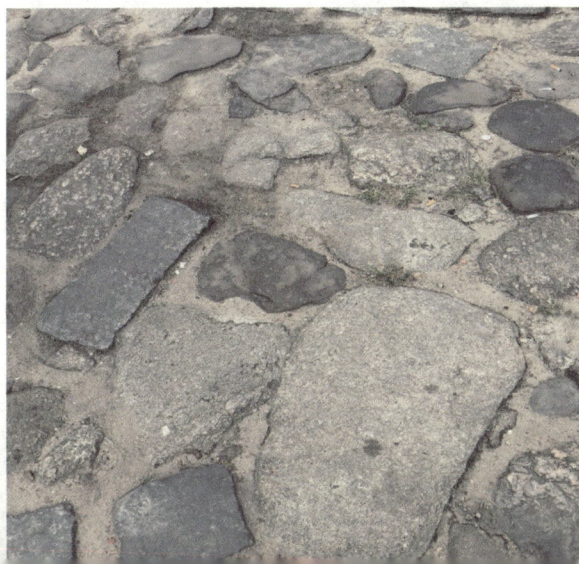

❖ 帕拉蒂的鹅卵石街道

在殖民时期，葡萄牙人驾着轻型帆船，满载压舱的石头来到帕拉蒂，然后卸下压舱的石头，再将金条、金块等一箱箱地运回里斯本，而那些压舱的石头则变成了帕拉蒂著名的、凹凸不平的鹅卵石街道。

❖ 帕拉蒂

最"懒"的小镇

❖ 卡莎萨
卡莎萨是巴西的国
饮（为巴西有名
的甘蔗酒调配而
成），而帕拉蒂的
卡莎萨更有名，因
为卡莎萨以前就叫
作"Parati"，与这
个小镇的名字"帕
拉蒂"非常相近。

在葡萄牙人开采金矿时期，每年雨季后运河和海水水位
上涨，小镇常常被淹，每次水退去后还会留下大量的淤泥，
给工人开采和运输黄金带来了麻烦。为了不影响金矿的开采，
人们从附近的山上和海岸边收集了大量的鹅卵石，铺在镇上
的大街小巷里。这些鹅卵石小路现在成了帕拉蒂最大的特色
之一。人们在铺满鹅卵石的小镇街道上行走时，总会下意识
地放慢脚步，否则容易磕伤或扭到脚。帕拉蒂仿佛有一种魔
力，控制着人们匆匆的脚步，让人们在不经意间慢下来。因
此，镇上人们的生活习惯十分慵懒，无形中也感染了外来的
游客。

❖ 帕拉蒂湾通往码头的栈桥

清澈透亮的小镇

帕拉蒂湾被古老的帕拉蒂占据，由小镇延伸出的长长海堤将整个海湾环抱，在海堤上有个缺口，每当涨潮的时候，海水会从海堤缺口涌入海湾，然后沿着小镇中交错的河流逆流而上，涌入城中，漫过整个小镇的街道。当海水退潮时，整个小镇的垃圾都会被海水带走，因此，帕拉蒂镇内由鹅卵石铺就的石板路异常干净，光鉴照人，使整个小镇清澈透亮。

❖ 帕拉蒂的教堂之一

巴西的"威尼斯水城"

帕拉蒂不大，大部分地区禁止汽车通行，镇内几乎所有房屋沿河而建，而且有大量结构特别的两层小楼。帕拉蒂湾码头上停满了五颜六色的商船，每当涨潮时，海水涌入小镇，商人们就会随着潮水，从帕拉蒂湾开着各式各样的小船，沿着河道进入小镇并穿梭在街道中，将船停靠在小镇的居民楼前兜售商品。退潮后，他们又顺着潮水回到港湾，补充货品等待下一次涨潮。帕拉蒂因此被称为巴西的"威尼斯水城"。

避世宁静的私人岛屿

帕拉蒂湾内及周边散落着大大小小 60 多座精致的小岛，这些小岛大部分既避世又靠近帕拉蒂，拥有独一无二的气质，被世界各地的富豪青睐，慕名来此观光和度假。有些人还一掷千金，成为岛主，既可在自己的小岛上享受世外桃源般的宁静，也可驾船偶尔进入帕拉蒂，感受一下繁华热闹。

泥浆狂欢节：狂欢者在身体上涂上泥浆，在浓烟中跳舞。泥浆狂欢节始于 1986 年，当时青少年玩泥巴激发了狂欢节的先驱们的灵感，以至于在帕拉蒂这座历史悠久的城市里，这种做法成了一项传统活动。

❖ 泥浆狂欢节街道的布置

萨马纳

　　萨马纳拥有玻璃般晶莹透亮的海水、无尽延伸的湛蓝天空、慵懒惬意的阳光和金色细腻的白沙滩，以涉水和冲浪海滩、自然徒步和观赏鲸著称，是加勒比海中的一颗璀璨明珠。

　　萨马纳位于多米尼加共和国的东北角由萨马纳半岛环抱而成的萨马纳湾内，这里有许多沙滩、热带雨林和椰树林，而且沿海还是座头鲸的繁殖地之一，是一个著名的旅游胜地。

旅游胜地

　　萨马纳不仅是一个渔村海港，被大西洋和加勒比海环绕，还是一个文化交融的地方，早期法国移民、非裔美国人、现代欧洲移民都留下了很多文化、建筑遗产，教堂、海港、商贸城、博物馆一应俱全，给人一种国际大都会的感觉。

多米尼加在西班牙语中的意思是"星期日、休息日"，据说哥伦布于15 世纪末的一个星期日到此，故名多米尼加，其首都为圣多明各。多米尼加位于北美洲加勒比海伊斯帕尼奥拉岛东部，西接海地，南临加勒比海，北濒大西洋，东隔莫纳海峡与波多黎各相望。

萨马纳湾是古代西班牙商船沉船之地，许多国外打捞业者和研究人员在此地寻找沉船宝藏，截至目前，该地仍有多艘沉船待打捞。

❖ 萨马纳湾中的小岛

❖ 泰诺人博物馆内的泰诺人雕塑

萨马纳有一座泰诺人博物馆，介绍了泰诺印第安人的故事，以及他们与西班牙征服者的首次会面。

泰诺人隶属于阿拉瓦克人，是加勒比海地区的主要原住民之一。在15世纪后期欧洲人到达之前，是古巴、牙买加、伊斯帕尼奥拉岛（现在的海地和多米尼加共和国）、大安的列斯群岛中的波多黎各、小安的列斯群岛北部和巴哈马等地最主要的居民，在那里他们被称为卢卡亚人，他们所说的泰诺语属于阿拉瓦克语系之一。

❖ 潜水之地弗朗顿海滩

弗朗顿海滩是萨马纳许多海滩中的一个比较有特色的海滩。

弗朗顿海滩洁白干净，沙滩边有一座90米高、陡峭而垂直的山墙立于碧水之上，这里既可攀岩，也可潜水，是潜水者不错的选择。

　　萨马纳中的历史古街和萨马纳湾内的利凡塔多岛、国家森林公园、萨马纳山柠檬瀑布等风景，每一处都是为热爱旅游冒险的人们准备的，是旅游者的天堂。

❖ 萨马纳的教堂

这座木质教堂建于19世纪，是由获得自由后移民萨马纳的美国黑人奴隶所建造的。

里肯海滩

里肯海滩位于萨马纳湾，萨马纳镇外有一条海洋大道可直达。它长 4.8 千米，以白色的沙滩、平静的海水和温柔的波浪而闻名，曾被《康泰纳仕旅行者》杂志列为"世界十佳海滩"之一。

里肯海滩是一处原始的海滩，尚未被开发，海滩的一边是平静的海水，另一边则是翻滚的海浪，适合人体冲浪。

❖ 利凡塔多岛

❖ 座头鲸
即便不是在座头鲸的洄游季，也可以去萨马纳的鲸博物馆参观，听取关于鲸的各种介绍。每年都会有3万多名来自世界各地的游客到此赏鲸。

海鸟天堂

从里肯海滩可划小船到达位于萨马纳湾中的利凡塔多岛，这是一座安静而避世的小岛。岛上有一个木板小码头，已腐朽不堪，只剩下几根木桩立于水上，成为军舰鸟、白鹭、褐鹈鹕和黄喙燕鸥歇息的地方。

萨马纳将绝大多数的美景都给了利凡塔多岛，岛上的海滩遍布苍绿植被，清澈莹绿的海水中能看得清鱼儿，海狮懒散地躺在岩石边，俨然成了海狮和水鸟的天堂。

世界最佳观鲸地之一

萨马纳湾被誉为座头鲸的乐园。1980年，人们发现了洄游到此的北大西洋座头鲸，而且每年的北半球冬季（1月下旬至3月中旬），约有3000头座头鲸从北大西洋迁移到这里交尾、生产、喂养小鲸，使这里成为座头鲸最大的聚集地点之一，同时被世界野生动物保护基金会誉为"世界最佳观鲸地"之一。

兰格尔

兰格尔拥有丰富的历史与自然资源，其中最著名的要数奇特的岩画海滩，它将兰格尔的神秘和历史文化完美地融为一体，成为阿拉斯加最迷人的风景之一。

兰格尔位于斯蒂金河河口旁，沿着杜威山而建，其周边冰川、高峰林立，是美国阿拉斯加历史最悠久的城镇，以及全球尚存面积最大的、未经雕饰的地区之一。

美国流传着这样一句话："在公路的尽头，你会找到荒野，在荒野的尽头，你会找到阿拉斯加！"

曾被 4 个国家统治过

兰格尔是阿拉斯加唯一一个曾被 4 个国家统治过的地方，在欧洲殖民者到达该地区之前，兰格尔已有数千年历史，它是特林吉特人的故乡。1741 年，俄罗斯探险家白令第一次发现阿拉斯加，很快俄国派兵征服了这里，阿拉斯加地区包括兰格尔在内都成了俄属北美殖民地。后来，由于阿拉斯加位于北美大陆西北端，人烟稀少，过于偏僻，俄国放弃了对此地的统治，英国与美国则相继占领了这里。

特林吉特人是生活在阿拉斯加的原住民，属于印第安人，他们居住在阿拉斯加东南部超过 1 万年，主要以渔猎为生，说阿塔巴斯卡语系的特林吉特语，有着极高的编织和雕刻技术。

❖ 特林吉特人的房屋

❖ 特林吉特人战士

早在 18 世纪，俄国就开始了向阿拉斯加的扩张，当时的特林吉特人身披铠甲与俄国人对抗。

历史气息浓厚

　　站在兰格尔中心的杜威山上，能够眺望到兰格尔的全貌和周围的水域美景。兰格尔的历史气息浓厚，小镇中散落着数十个古老的特林吉特人的图腾，还有特林吉特人生活以及战斗的痕迹；在兰格尔博物馆内还能找到俄国人于 1811 年开始在兰格尔做毛皮交易的记录……

　　除此之外，兰格尔还拥有众多的天然遗产，其中最有名的要数岩画海滩。

❖ 图腾柱子

特林吉特人的图腾为氏族的象征，作为偶像祭拜。图腾通常使用完整的原木，雕刻人面以及各种当地常见的动物。

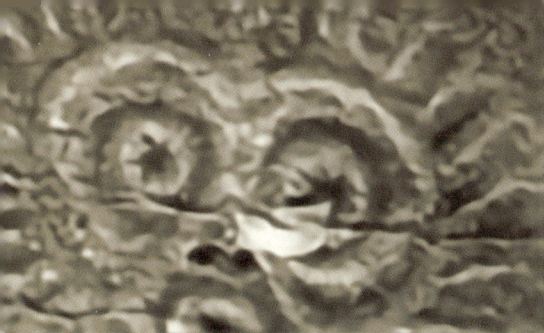
❖ 岩画海滩上的人面岩画

❖ 贺兰山的人面岩画

岩画海滩

岩画海滩散落着 40 多幅历史悠久的古岩画，这些古岩画的图案形状各异，有漩涡、鸟类、鲸和人脸等，有些图案在我国也曾有发现。这些岩画已经存在 8000 多年，赋予了岩画海滩异乎寻常的神秘气息。关于岩画海滩的岩画是如何形成的有多种说法，有的说是当地古部落人刻画上去的，也有的说是外来部落做的记号。如今，这里已经是岩画海滩国家历史公园的一部分，这些神奇的岩画被保护起来。

❖ 螺旋符号，宁夏中卫大麦地岩画
这种人面岩画，从北美洲西海岸到阿拉斯加、阿留申群岛，一直延伸到我国都有发现，相似度极高，科学家认为它们之间应该有着某种联系。

❖ 石头雕刻螺旋符号，原始人石刻
螺旋符号在全球各地都有发现石刻，或许这种符号是古时流行的符号，如今仍在世界各地流行，深受人们的喜爱。

惠蒂尔

惠蒂尔位于威廉王子湾北部深处的楚加奇国家森林公园内，只有 300 多名居民，被誉为世界上最奇特的小镇。

美国阿拉斯加湾伸入大陆，海岸曲折，在海湾中还有很多小海湾，惠蒂尔就处于其中之一的威廉王子湾北部，位于基奈半岛以东，被钟克山脉从东、北和西三面围绕。惠蒂尔的周边有一处冰川叫惠蒂尔冰川，小镇因此而得名。这条冰川也让小镇的温度常年保持在 −20℃ 左右。

世界上最奇特的小镇

惠蒂尔是一座奇特的小港城，说它奇特，是因为整个小镇几乎所有人都住在一栋 14 层的贝吉奇塔楼内，市政府、邮局、学校、医院、警察局、教堂、餐厅和旅店等也都在这栋大楼里。一栋楼就是一个镇的现象，这是世界上绝无仅有的。

贝吉奇塔楼

惠蒂尔中被军队废弃的大楼除了贝吉奇塔楼之外，还有另一座主要建筑——巴克纳大厦，它曾经是阿拉斯加最大的建筑物，于 1953 年竣工，被称为"同一屋檐下的城市"，巴克纳大厦却未能成为一座城市，最终被废弃了。

❖ 成为废墟的巴克纳大厦

贝吉奇塔楼的前身是军营，第二次世界大战时，惠蒂尔因常年海水不冻，被美国陆军选中，在这里建立了军事设施，

❖ 沿岸冰川

冰川犹如一道琉璃冰墙矗立在岸边，时不时地有部分坍塌入海，轰起一片雪雾。

❖ 贝吉奇塔楼

贝吉奇塔楼有 150 间住房，包括两居室和三居室的公寓和个人的单间房屋。

包括港口和铁路，并命名为苏利文营地。1943 年连接苏利文营地的阿拉斯加铁路修建完成；第二次世界大战胜利后，惠蒂尔成了一个重要的港口；1957 年贝吉奇塔楼完工，1960 年后惠蒂尔不再需要军队驻扎，美军撤离了苏利文营地，贝吉奇塔楼被废弃。

由于惠蒂尔在冬天时降雪量非常大，天气状况极其恶劣，分散居住的居民出门办事非常不便，因此经过讨论后，小镇全部 300 多名居民都搬进了被废弃的贝吉奇塔楼！

拥有被游客喜爱的美景

惠蒂尔拥有优良的深水不冻港，有铁路和公路与 96 千米外的阿拉斯加最大城市安克雷奇连接，因此成了一个货运和客运的重镇。惠蒂尔拥有丰富的野生动物和自然美景，受到游客、摄影师、户外运动爱好者、徒步旅行者和猎人的欢迎，每年仅是路经此处的游客就高达 70 万人。

学院峡湾是威廉王子湾中观看冰川最理想的地方，不仅可以同时观看到多条冰川，而且还可以看到冰川崩裂的壮观场景，除此之外，还能近距离地靠近冰川，欣赏组成冰川的壮丽图案。

从惠蒂尔的冰河游船码头出发，通过威廉王子湾的西门户，向东行进，再往北便可到达约 40 千米长的"学院峡湾"。这是威廉王子湾众多峡湾中最漂亮、最具特色的峡湾。

在这里还能喝到将船员们打捞上来的冰川崩裂的浮冰打碎后调制的冰啤和咖啡，这种将凝聚万年时光的冰川冰水一饮而尽的快感是别处无法体验到的。

❖ 学院峡湾

卡梅尔

卡梅尔是一个独特的文艺小镇，碧海蓝天、鲜花礁石、随处可见的松鼠、海鸟、海豹、悬崖峭壁、古老的松柏，构成了一幅迷人的画卷。

蒙特利湾沿岸，尤其是 17 哩路沿线有许多富人们的别墅、庭院、高档住宅、草地以及高尔夫球场等。

美国的蒙特利湾是著名的海景胜地，著名的美国加州 1 号公路最美丽的地段——17 哩路即是其位于蒙特利湾的一段公路，而卡梅尔小镇就在 17 哩路的终点往北不远处。

海滨文艺小镇

卡梅尔如今仍禁止张贴广告、装霓虹灯和盖快餐店，以便维持原貌。

卡梅尔位于距旧金山以南约两小时车程的蒙特利半岛，是蒙特利湾内一个精致的文艺小镇。

卡梅尔建于 20 世纪初期，以"艺术家、诗人和作家的卡梅尔"而闻名，许多风格独特的艺术家和作家住在这个依山面海、充满波希米亚风情的小城市中。我国著名国画大师张大千 1969 年曾居住在此，称其居所为"可以居"，

❖ 蒙特利湾美景

卡梅尔并不大，被称为艺术小镇，现今居住着 4000 多居民，随处可见充满文艺气息的商店和小旅店等。

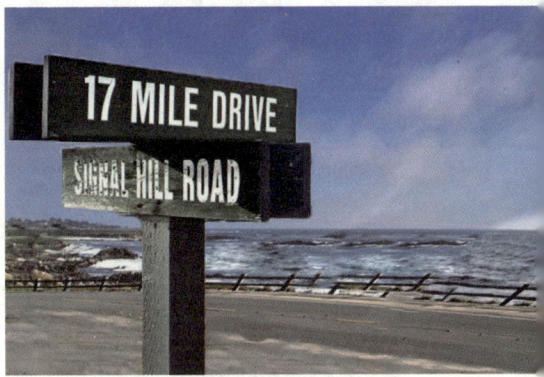

❖ 17 哩路路标

17 哩路是全美 9 条收费的私有道路之一，也是密西西比河以西唯一一条收费的私有道路。

后又在旁边购置一处稍大的居所，取"筚路蓝缕，以启山林"之意，命名为"环筚庵"，其晚期大量的画作都是在这里完成的；出演过《廊桥遗梦》，执导过《百万美元宝贝》《萨利机长》等多部电影的美国著名演员、导演克林特·伊斯特伍德就曾出任过卡梅尔的镇长；就连爱因斯坦都曾在这个小镇定居过，在这里常常可以看到他戴着墨镜、穿着印花 T 恤、拿着冲浪板的调皮形象。

❖ 17 哩路沿岸美景

❖ 卡梅尔海滩

卡梅尔海滩

卡梅尔的早期居民中 90% 是专业艺术家，其中著名作家兼演员佩里·纽伯里和著名演员兼导演克林特·伊斯特伍德都先后出任过卡梅尔的镇长。

沿卡梅尔的主街向西走到尽头，就是 17 哩路海滨上独一无二的美丽海滩——卡梅尔海滩，它像一颗美丽、深邃的蓝色宝石，镶嵌在加州 1 号公路绵延不断的海岸线上，被誉为"美国最适合海滨度假的海滩"之一。

卡梅尔海滩面向海浪汹涌的西太平洋，异常宽阔，沙滩洁白且沙子细软。人们不仅可以在沙滩上晒太阳、玩沙滩排球等，还可以勇敢地在澎湃的海中冲浪、玩刺激的水上运动等，这一切无不显得那么和谐，那么让人沉醉！

张大千（1899—1983 年），中国泼墨画家、书法家，四川内江人，祖籍广东省番禺，1899 年 5 月 10 日出生于四川省内江市市中区城郊安良里的一个书香门第的家庭。20 世纪 50 年代，张大千游历世界，获得巨大的国际声誉，被西方艺坛赞为"东方之笔"，又被称为"临摹天下名画最多的画家"。他在美国生活的 10 年均居住于卡梅尔。

❖ 张大千

1986 年，著名演员兼导演克林特·伊斯特伍德以 72.5% 的得票率成为卡梅尔的镇长。卡梅尔只有 4000 多人的人口，伊斯特伍德在两年的任期中，每月的工资为 200 美元。

❖ 克林特·伊斯特伍德

哈纳

哈纳被认为是夏威夷最后一块没有遭到人为破坏的土地，小镇中有马克·吐温笔下的"天堂之路"——哈纳之路，是领略茂宜岛美丽自然风光的绝佳自驾游路线。

哈纳位于美国夏威夷茂宜岛崎岖不平的东海岸，沿着茂宜岛著名的哈纳之路前行到中段，便可以来到这个安逸舒适的小镇。

❖ 通往哈纳的指示牌

哈纳很小

哈纳的常住居民不到 2000 人，在镇中心，以充满夏威夷地域风情的古代茅草屋为中心形成一个广场，街道沿着广场向外辐射，道路两旁散布着一些古迹和商店。沿着镇中心的街道一直走，就可以走到哈纳海滩，这里是一个不错的家庭度假之地，常常有人烧烤，还有小孩在沙滩上追逐玩耍。哈纳海滩角落灯塔处是一个不错的游泳和潜水之地。

哈纳公路有一些地段极其凶险，当地租车公司会限制通行，也有一段公路非常平缓，几乎没有任何危险，驾驶舒适度极高。

❖ 哈纳公路的"U"形弯

❖ 哈纳公路美景

哈纳公路上既没有加油站，也没有像样的商店，所以出发前需要准备好食物并加满足够的汽车用油。

哈纳之路

　　茂宜岛是夏威夷群岛中的第二大岛，也是夏威夷群岛中仅次于欧胡岛的第二个热门旅游地。不过岛上没有什么公共交通工具，最适合的出行方式就是租车自驾游，哈纳之路就是这里的一条绝佳的自驾游路线。

　　哈纳之路全长差不多 105 千米，沿途遍布热带山谷、高耸的悬崖、茂盛雨林、飞流瀑布和池潭。全程停停走走需要耗时一天，大约有 620 个弯道，而且大多是"U"形急弯，此外还有 57 座单行桥，被誉为"世界十大最危险公路"之一，也曾被美国《国家地理》杂志评为"全球最美的公路"之一，马克·吐温更是直接称赞它为"天堂之路"。

❖ 哈纳公路沿途的瀑布

在哈纳公路上并不是一直驾驶，沿途遇到美景后可以停车欣赏，有山林、瀑布、海滩、洞穴等，每一处风景都会让人有意想不到的收获。

❖《侏罗纪公园》的取景地

哈纳公路中途这座海边的山崖曾经是电影《侏罗纪公园》的取景地之一。

拉海纳

慢 节 奏 生 活

　　拉海纳是夏威夷群岛中的异类，它曾因捕鲸而繁华，是夏威夷保留历史遗迹最多的地方，也是一个偏僻且悠闲的慢节奏小镇。

　　拉海纳这个词在夏威夷原住民语中意为"无情的太阳"。拉海纳位于夏威夷茂宜岛西部，沿海湾、海港而建，是茂宜岛上最大的镇，也是整个夏威夷群岛中最有历史和文化味道的小镇。

❖ 拉海纳

历史遗迹众多

　　拉海纳在历史上一直是茂宜岛酋长及高阶首领们的居住地，1810年，夏威夷大岛的卡美哈梅哈二世统一了整个夏威夷群岛后，非常喜欢拉海纳并将此作为居住地，因此，拉海纳一直是夏威夷王朝事实上的首都（直到1845年迁都檀香山）。在夏威夷群岛统一后不久，基督教传教士来到了这里，并在拉海纳盖了第一座石头教堂，随后出现了第一所教会学校、第一台印刷机等。

　　19世纪40年代，拉海纳是整个太平洋地区最重要的捕鲸港，每年有数百艘捕鲸船从港口出海。水手医院、教堂、水手客栈、舞厅和酒吧围绕着港口接连开张，小镇逐渐延伸开去。19世纪60年代，捕

❖ 拉海纳海边

鲸业开始衰败。10 年后，蔗糖业成为这里的支柱产业，直到 20 世纪 60 年代被旅游业所取代。

漫步在拉海纳街头，仿佛在欣赏一座露天的博物馆，著名的前街有几十个画廊和各具特色的商店、餐馆。走在拉海纳的历史小径上，那个捕鲸年代的气息仿佛依稀存在。沿路有美国水手医院、拓荒者客栈、中国和日本的寺庙，还有很多具有上百年历史的老房子。

大榕树

大榕树是拉海纳的标志性景点，这棵将近 19 米高的榕树枝繁叶茂，覆盖了整个榕树广场，是全美国最大的榕树。

大榕树的历史可以追溯到 1873 年 4 月 24 日，为了纪念新教传教团 "Protestant Mission" 成立 50 周年，当地警察专门种植了这棵起源于印度的榕树。

如今，大榕树成为当地居民和游客休闲避暑的好去处，尤其是在阳光强烈的时候，大量的小商贩和居民聚集在大榕树下休闲、纳凉。

2023 年 8 月茂宜岛大火使拉海纳受损严重，小镇几乎被付之一炬，差不多所有建筑都被摧毁，需要数年时间才可能使这个美丽的海边小镇恢复原样。

这是夏威夷的第一座灯塔，在 1840 年由国王卡美哈梅哈三世建立，用来给捕鲸归来的船只导航，当时是用鲸油照明的。1905 年灯塔重建，1916 年交给美国海岸防卫队使用。

❖ 夏威夷的第一座灯塔

❖ 拉海纳街道

❖ 老拉海纳法院大楼

老拉海纳法院大楼

老拉海纳法院大楼也被称为拉海纳行政旧址遗迹，在大榕树旁。

在捕鲸业鼎盛时期，拉海纳聚集了世界各地的捕鲸者，在给小镇带来繁荣的同时，也给小镇带来了暴力和走私等不法活动，因此当局建立了海关、法院和监狱，来维持小镇的安定。

老拉海纳法院大楼建于1859年，这里原本被用来建造卡美哈梅哈三世的宫殿，因为卡美哈梅哈三世喜欢睡在附近的茅草屋顶的房子中，所以宫殿迟迟没有完工。1858年，宫殿遭遇强风暴后被摧毁，随后在废墟中重建了这栋大楼，作为法院、海关、邮局以及其他政府机构的办公地点。1898年，美国就是在这栋大楼里签署协议，正式接管了夏威夷群岛。

如今，这栋大楼被列为美国国家级的历史遗迹，一楼是游客中心和纪念品商店，二楼是展示夏威夷历史文化的博物馆。

全世界唯一一家临海而建的奥特莱斯就在拉海纳海边，这里是游客购物的天堂。

和兴会馆

和兴会馆位于拉海纳一处不起眼的地方，它是一座与中国人关系紧密的百年地标建筑，曾是茂宜岛华人交流聚会、娱乐和传承中华文化的地方，也曾是孙中山奋斗过的地方，当初孙中山在哥哥孙眉的全力支持下，从夏威夷出发，将革命之火带到中华大地。

第二次世界大战后，和兴会馆没落，如今经过当地政府的修复，成了一座历史博物馆，里面展出很多珍贵的历史照片、柚木药柜和道教神龛。

❖ 和兴会馆

艾维隆

艾维隆位于被称为"西海岸的夏威夷"的圣卡塔利娜岛上，它依山傍海，景色宜人，深受世界各界名流的喜爱，玛丽莲·梦露、卓别林、格利高里·派克等都曾来过这里度假。

艾维隆是一个小而精致的小镇，仅占地约 2.6 平方千米，位于美国洛杉矶西南部艾维隆海湾的圣卡塔利娜岛上。

岛上唯一的小镇

400 多年前，艾维隆海湾在被西班牙人占领期间，是绝佳的海盗船藏匿出入之所。艾维隆临海而建，被艾维隆海湾环抱，是圣卡塔利娜岛上唯一的城镇。小镇上严格控制汽车数量，通常要等 14 年才能获准拥有一辆汽车，因此汽车很少，岛上的居民大多用电动车作为交通工具。在小镇最佳的出行方式就是徒步，可沿着街道一直走到洁白的新月海滩。

艾维隆虽然不大，但是五脏俱全，当年玛丽莲·梦露、卓别林等登岛度假时就曾居住在这里。小镇不远处还有两个海港和一个隐士峡谷，都是不错的休闲之地。

圣卡塔利娜岛也称为卡塔利娜岛，隶属于美国加利福尼亚州，是加州 8 座岛屿中的一座。

❖ 玛丽莲·梦露和她的丈夫（图上左边男子）在圣卡塔利娜岛

❖ 艾维隆特色的建筑

这是艾维隆最具有特色的建筑，也是网红打卡地，以前曾是一家赌场。

两个海港

艾维隆旁边就是两个海港，有300多名居民。这里的海水很清澈，呈浅浅的绿松石色。港口里泊满了私人游艇，海滩边有一条西班牙风情街，还有能提供海滨野营的场地，是一个浮潜、划皮划艇、露营的好地方。

迷你荒野

出了艾维隆，就是荒无人烟的广阔地区，被当地人称为原始内陆区，圣卡塔利娜岛的原始内陆区大多未被开发，需要提前申请，经过批准后才可进入。这里是一个迷你荒野，更是珍稀物种的栖息地，里面生活着60余种世界上独有的动植物，包括圣卡塔利娜岛狐狸。

艾维隆美得让人心醉，拥有独一无二的纯净、自由、性感和浪漫，既有欧洲海滨小镇的风情，又有加州阳光沙滩的洒脱，可以潜水、冲浪、划船、出海钓鱼、远足，每个来到这里的人都能找到合适的休闲度假方式。

❖ 西班牙风情街指示牌

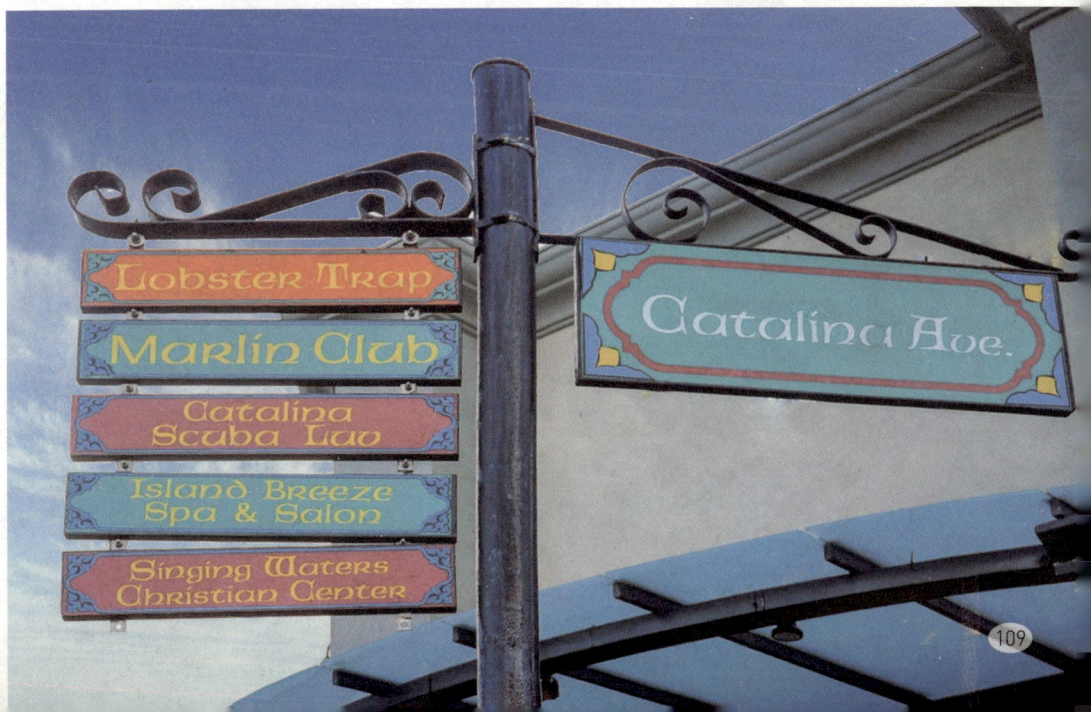

赫曼努斯

南 非 著 名 的 观 鲸 小 镇

　　赫曼努斯是一个能与鲸一同嬉戏的地方，人们能在这里近距离观看露脊鲸，还能欣赏座头鲸、虎鲸的迷人身姿。在毫无干扰的情况下，看着成千头鲸从眼前游过，是一种令人震撼的体验。

南露脊鲸每年都会离开漫天冰雪的猎食地——南极洲，迁徙至气候温暖的地区交配繁殖。

　　赫曼努斯地处大西洋和印度洋交汇处，是南非西开普省南海岸的一个小镇，离真正的非洲大陆最南端——厄加勒斯角很近，以"世界最佳陆地观鲸地"而闻名。

　　赫曼努斯距离开普敦东面海滨约 120 千米，它风景优美，干净整洁，房舍色彩鲜艳，令人赏心悦目。从漫步旅行到品尝美酒，从欣赏海景到享受美食（尤其是鲍鱼和龙虾），一切在南非与旅行有关的事情，几乎都可以在赫曼努斯实现。它是南非一个著名的旅游胜地，特别是在每年的"鲸鱼节"期间，许多游客会慕名而来，一睹鲸的风采。

❖ 赫曼努斯美景

❖ 跃出海面的露脊鲸

❖ 水中的露脊鲸

露脊鲸有地球上最庞大的身躯，脾气却很温顺，它们以海洋中的浮游生物为食，从不互相残杀，更不像鲨鱼和虎鲸那样残暴。

陆地观鲸胜地

　　赫曼努斯海域生物资源丰富，海洋中有很多顶级猎食者，如鲨鱼、海豚、虎鲸和须鲸。其中最有名的要数须鲸家族中的南露脊鲸，每年的5—11月，数千头约60吨重的南露脊鲸会离开冰天雪地的南极，来到温暖的南非，在离赫曼努斯海岸仅数米的海湾进行交配、繁殖。这个时候，在赫曼努斯的海岸上能听到鲸的声音，因此成就了赫曼努斯陆地观鲸胜地的美名。

❖ 赫曼努斯观鲸步道

❖ 蹄兔

蹄兔为陆栖或树栖的小型兽类，因有蹄状趾甲而得名。它们喜欢嗥叫，又名啼兔。在赫曼努斯海边步道上行走时，经常会看到步道边的岩石或者草木丛中会有悠闲的蹄兔出没。

观鲸设施完善

　　赫曼努斯因观鲸活动而发展起来，有众多酒店和各种商店，还有专门售卖鲸纪念品的商店。在小镇海岸线上有专门的步道，步道边有当地艺术家创作的艺术作品和各种雕塑，步道上观鲸设施齐全，有长椅、望远镜、遮阳伞等。赫曼努斯还设有专职的"报鲸人"，这是世界上唯一的"报鲸人"，当他发现有鲸在海湾出没时，就会吹响用海草制成的独特号角，实时提醒观鲸爱好者前往观鲸点。

　　游客除了可以在悬崖上观鲸外，还可以乘船到大海里观鲸，期间要保持安静，否则会吓跑鲸。

❖ 海岸边的雕塑

❖ 赫曼努斯海岸美景

塔马兰

与 海 豚 一 起 畅 游

人们通常只能在海洋馆或动物园中接触到海豚，然而，在塔马兰，不仅可以和海豚一起在海面上追逐打闹，还可以触碰、抚摸它们。

塔马兰位于毛里求斯西岸，这里高山环绕，景色十分优美，有金黄色的海滩、蔚蓝的大海、温暖的阳光，充满了热带地区的魅力。

毛里求斯是非洲的一颗明珠，马克·吐温曾说："毛里求斯是天堂的故乡，因为天堂是仿照毛里求斯这个小岛而打造出来的。"

因海豚湾而出名

毛里求斯发现海豚已有10多年的历史，海豚最常出没在3个海湾：绢毛猴湾、黑里维埃尔湾和南部的黎明海湾。绢毛猴湾也就是海豚湾，它位于塔马兰，是毛里求斯最出名的海豚出没点，遇见海豚的概率最高，数量也最多。塔马兰也因海豚湾而出名。

毛里求斯岛被珊瑚礁环绕，这算得上是大自然赋予的天然屏障，它把鲨鱼等凶猛的海洋动物挡在近海之外，同时也把暗藏危机的深海隔开。

与海豚一起畅游

海豚是人类最喜欢的海洋生物之一，也是世界上最聪明的动物之一，对人类非常友善。

海豚湾岸边的潜水区域的水位刚刚没过腰间，适合浮潜，深水区域有海豚和鲸出没。

塔马兰海滩上停着许多出海的快艇和双体船，相比之下，双体船更舒适，船上可以烧烤和晒太阳。而快艇则速度更快，可以尾随海豚而行。

❖ 塔马兰海滩

❖ 海滩快艇

❖ 海豚湾美景

海豚湾的海豚大致分为两种：一种是小型的宽吻海豚，它们的游速很快，据说可达每小时 5~11 千米，最快可达到每小时 35 千米。它们常常集体活动，数量较多。还有一种是大型的宽吻海豚，身体接近黑色，只有三五只一起活动。

海豚湾是世界上近距离接触宽吻海豚的绝佳之处。

每天上午的 9 点半到 10 点，海豚湾的海域会出现大量的野生海豚，它们在海面上起起伏伏，或晒太阳，或寻觅食物，或嬉戏、跳跃，那场面绝对不同于海洋馆或动物园中看到的，很壮观。

此时，可以坐在快艇上乘风破浪，跟随海豚的去向，追寻海豚的身影，享受与海豚竞逐的乐趣。还可以直接跳下海去，与海豚一起畅游，"共浴"在大海中，经历一生难忘的刺激体验。

❖ 海豚湾跃出海面的海豚

七彩土

　　海豚湾是绢毛猴河的出海口，沿着绢毛猴河而上，在塔马兰的夏马尔村不远处一个密林中，有世间独一无二的奇观——七彩土，这是火山爆发时喷出的岩浆氧化后发生化学变化，又在强烈阳光照射下而形成的，红、黄、紫、橙等颜色的泥土层次分明，形状像一座波浪纹小山，中间隆起，与东、西两边的山坡相接，南、北两侧的缓坡伸向平地，就好像一道道彩色的水流奔向两边的丛林。如今，这里已经开发成一个封闭式的小公园，是到毛里求斯旅游时必到的景点之一。

塔马兰瀑布

　　塔马兰瀑布（也被称作夏马尔瀑布）离七彩土三四千米，是毛里求斯落差最大的瀑布，瀑布一共有 7 条（也有人认为是 11 条），从上方凸出的岩石和山的间隙直冲而下，落差达293 米的水流如同水帘洞前的水幕一般。虽然水幕后面没有洞穴，但是最下方有一处深潭。站在深潭中，让飞流直下的瀑布冲击身体，如同天然的按摩一般；也可以在深潭中洗澡、戏水；或者攀爬上瀑布的源头——山顶，透过四周茂密的植被，远眺海豚湾美丽的海岸线，这便是在塔马兰所能享受到的最别样的体验。

❖ 七彩土

毛里求斯是世界上罕见的同时拥有 7 种不同颜色泥土的地区之一。

据当地人介绍，即使是把山坡上不同颜色的土翻耕，混合在一起，只要经过几场大雨，山坡上的七彩土又会恢复原状。

❖ 塔马兰瀑布

楠迪

斐 济 的 天 堂

　　来到斐济的人不禁会感叹："天堂也不过如此景色。"到了楠迪后才知道，原来斐济的天堂在这里。

维提岛又名美地来雾岛，是大洋洲南太平洋岛国斐济共和国的主岛，也是最大及最重要的岛屿，面积 10 429 平方千米，人口约 37 万人。岛上最重要的两个城镇是苏瓦和楠迪。

　　楠迪位于南太平洋岛国斐济共和国维提岛的西部沿海，是斐济第二大岛镇，也是斐济最重要的交通枢纽，可以从这里前往斐济的各旅游景点。

萨布拉马尼亚湿婆神庙

　　从斐济首都苏瓦市坐车去楠迪，大概要花 4 小时，沿途会路过知名的印度教寺庙——萨布拉马尼亚湿婆神庙。

最早到达斐济的欧洲人是荷兰航海家塔斯曼，他于 1643 年到达斐济。19 世纪上半叶，欧洲人开始移入，1874 年沦为英国殖民地，1970 年 10 月 10 日独立。

　　萨布拉马尼亚湿婆神庙是斐济最大的，也是南半球规模最大的印度教神庙。这座神庙在建筑学上来说是非常玄妙的，它由印度教神像、加尼什寺和湿婆神庙组成，展现了斐济闻名于世的独特岛国文化，更是传统的太平洋岛国的一个历史缩影，同时也表现了斐济人民的智慧。

　　斐济坐落在南太平洋，环绕着维提岛的中心有 332 座岛屿，如同汪洋中散落的群星，大部分岛屿是从 1.5 亿年前开始形成的，美拉尼西亚人和波利尼西亚人作为第一批海洋漂流者，首先在公元前 2000 年定居于此。
❖ 斐济美景：孤悬于海中的小岛

❖ 丹娜努岛美景

丹娜努岛是维提岛的附属岛，距离楠迪20分钟船程，它距离楠迪机场很近，且拥有绝美海景，是一个高档度假村、国际五星级酒店的聚集地，喜来登度假村、希尔顿酒店、威斯汀水疗度假酒店等都在这里安营扎寨。

丹娜努岛有斐济最美的海滩和白沙，这里的每家酒店、度假村都有私家海滩，并且潜水、游泳、垂钓等各种水上活动设施齐全，在这里无须踏出酒店，就可以享受美好假期。

❖ 萨布拉马尼亚湿婆神庙

原始部落纳瓦拉

楠迪不大，只有一条大街，不过很有特色，商城、免税店和餐厅很集中，吃饭、逛街、买些特色纪念品，半天时间就够了。

❖ 纳瓦拉

❖ 瓦路路海滩边的草丛

据传，在瓦路路海滩还有很多很私密的草丛，尤其是深夜，很多情侣会在那里过夜，当地人则称之为草窝旅社（Para Motel，在斐济语中，Para 就是草窝的意思）。

楠迪有一个地方不能不去感受一下：从楠迪徒步 2 小时的山路，在一个山谷内有一个很小的村落纳瓦拉，整个村落大部分的建筑依旧是传统的草屋。它是维提岛目前仅存的唯一一个原始部落，进入这里时不要戴太阳镜和帽子，以示对当地人的尊重与礼貌。同时绝对不可触碰当地人的头部，这是一大禁忌。纳瓦拉及其周围以古朴天然的原始美而闻名，它位于斐济腹地的小山顶之上，景色壮观。

瓦路路海滩

楠迪不远处有维提岛最热闹、最有名的瓦路路海滩（WAILOALOA）。斐济语中"Wai"表示沙滩，"LOALOA"则是黑色，所以这个海滩应该叫作黑沙滩。不过，瓦路路海滩并不那么黑，只能算不那么白。据当地人介绍，这个海滩的沙粒中含有大量蓝鱼的粪便，所以才不那么白。

在楠迪 8 千米外有一个国际机场，能起降波音 747-400 型飞机，是南太地区的航空枢纽。

瓦路路海滩的沙粒虽然不是很白，但是却很细腻，不管是在海滩上奔跑，还是躺在海滩上休憩，都会让人觉得无比惬意。海滩延伸入海，海水清澈见底，蓝色的海水由浅变深，没有受到一丝污染，水下有各种珊瑚和鱼类，是一个绝佳的潜水胜地。

这是楠迪唯一的公众海滩，有很多背包客客栈，海滩上有酒吧。

❖ 瓦路路海滩

此外，瓦路路海滩还很适合野营，等到太阳落山后，一切归于平静，在海滩上架起烧烤架，和朋友们一起围着火堆烧烤，简直是一种绝佳享受。

洛恩

洛恩是美丽的大洋路上的第一站，有阳光沙滩、森林瀑布，是一个非常热闹的小镇，也是澳大利亚居民一直偏爱的度假胜地。

大洋路是澳大利亚维多利亚州的一条行车公路，全长约 276 千米，建于悬崖峭壁中间，是澳大利亚境内的著名景点之一。洛恩地处大洋路吉朗入口后的第一站，因此受到格外的关注。

小渔村因大洋路而变得热闹

洛恩依山靠海而建，曾是一个很小、宁静、古老的渔村，厄斯金河由此流入大海。整个小镇常住人口只有 1500 人，只有一条几百米长的商业街，袖珍至极，不过，它却是大洋路沿途最受欢迎的度假胜地之一，每年夏季开始，这里就变得异常热闹，尤其是圣诞节期间，一年一度的瀑布音乐节更是一场狂欢。温和的气候、绝妙的咖啡厅，独特的商铺、精品店和画廊，以及周边的洛恩金沙滩、厄斯金瀑布、洛恩栈桥等，让洛恩小镇显得优雅、独特，每年都会吸引很多海内外游客前来观光旅游。

❖ **白色鹦鹉**

洛恩镇中有许多白色鹦鹉，它们在草地上散步、在树梢间嬉戏、在海滩上打盹儿，甚至在人群中穿梭，这种鹦鹉随处可见，就如我国的麻雀一样多，甚至更多、更嚣张，它们俨然是这里的主人。除了白色鹦鹉外，这里还有彩色鹦鹉等一些叫不出名的飞鸟。

吉朗是澳大利亚维多利亚州仅次于首府墨尔本的第二大城，是著名的大洋路的入口。

❖ **洛恩栈桥**

洛恩栈桥是当地有名的垂钓点，在澳大利亚钓鱼是不收费的，但对鱼的大小和数量有限制。桥上有专门的说明，明确多少数量和大小的鱼可以拿走，小鱼必须放掉。

❖ 洛恩的建筑

洛恩金沙滩，洛恩栈桥

从洛恩的商业街可以直接走到洛恩金沙滩，这是一个被海湾环抱的海滩，与大洋路上的其他海滩相比，显得格外的宁静。海滩边有古老而斑驳的木质长椅，可供行人休憩、观赏风景。沿着海边的步行道走到洛恩东南角，这里有一座长长的栈桥——洛恩栈桥，它由岸边一直延伸到大海之中，是整个洛恩最美的风景所在。在大海中游泳、冲浪，在海边的步行道跑步，在沙滩上聚餐或者闲聊，在栈桥上垂钓、闲逛，哪怕只是坐在海滩边的木质长椅上静静地看海，都会使人觉得无比的幸福。

❖ 洛恩栈桥边的指示板

❖ 洛恩金沙滩

洛恩的生态环境非常好，到处都是鹦鹉、海鸟之类的，其数量之密集，让人叹为观止，这些鸟随时都会飞到游客身边讨要食物。

厄斯金瀑布

除了海滩之外，洛恩周围还有一处美得让人窒息的风景——厄斯金瀑布。

沿着洛恩外的山路边的指示牌往北，进入洛恩国家森林公园，在起起伏伏的山林公路中行驶大约 20 分钟便可到达厄斯金瀑布的停车场，沿着停车场的山路徒步半个多小时，就可以到达隐藏在森林深处的厄斯金瀑布（也可以沿着洛恩旁边的厄斯金河边的步行道，一直往北即可到达）。

❖ 伸向大海的洛恩栈桥

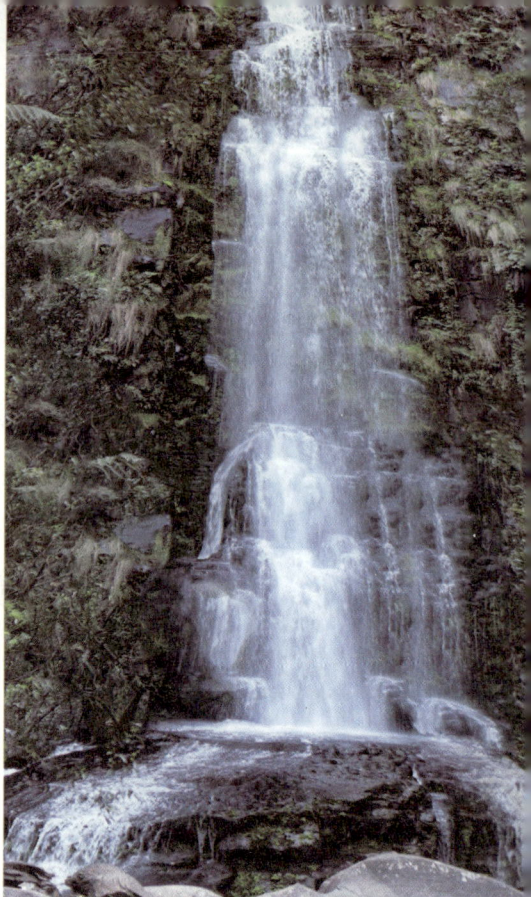

Remembering
Bruce Waller
1951-2002
Ranger-in-Charge
Angahook-Lorne State Park
1985-2002

❖ 厄斯金瀑布路边的纪念碑

在通往厄斯金瀑布的路边有一块护林员纪念碑，纪念护林员布鲁斯·沃勒几十年如一日地忍受着孤独和寂寞，在洛恩国家森林公园内护林，为表彰他的贡献，当地政府立了此纪念碑。

厄斯金瀑布虽然不及世界上的一些著名瀑布那么壮观，但其深藏于密林之中，清澈飞溅的水流撞击岩石的声音格外的空灵，仿佛这儿与世隔绝，是密林之中的一处诱人奇境。

厄斯金瀑布的宣传栏上介绍：1890 年，厄斯金瀑布被一群探险的男人和女人发现，他们在深谷中发现了这个从天而降的瀑布，并拍照合影。

❖ 厄斯金瀑布

❖ 厄斯金瀑布的发现者

122